MÉMOIRES
D'UN MÉDECIN.

Corbeil, imp. de CRÉTÉ.

MÉMOIRES
D'UN MÉDECIN

PAR ALEXANDRE DUMAS.

Première Partie.

JOSEPH BALSAMO.

2

PARIS,
FELLENS ET DUFOUR, ÉDITEURS,
30, rue St-Thomas du Louvre,
Au Bureau de l'ÉCHO DES FEUILLETONS.

1846

I

Eurêka.

Cette fois, soit que la gasconnade parût trop forte au baron, soit qu'il ne l'eût pas entendue, soit enfin que, l'ayant entendue, il ne fût point fâché de débarrasser la maison de son hôte étrange, il suivit des yeux Andrée jusqu'à ce qu'elle eût disparu; puis, lorsque le bruit de son clavecin lui eut prouvé qu'elle était occupée dans la chambre voisine, il offrit à Balsamo de le faire conduire à la ville prochaine.

— J'ai, dit-il, un mauvais cheval qui en crèvera peut-être, mais enfin qui arrivera, et vous serez sûr au moins d'être couché convenablement. Ce n'est pas qu'il manque d'une chambre et d'un lit à Taverney, mais j'entends l'hospitalité à ma façon. *Bien* ou *rien*, c'est ma devise.

— Alors vous me renvoyez? dit Balsamo en cachant sous un sourire la contrariété qu'il éprouvait. C'est me traiter en importun.

— Non, pardieu! c'est vous traiter en ami, mon cher hôte. Vous loger ici, au contraire, serait vous vouloir du mal. C'est à mon grand regret que je vous dis cela et pour l'acquit de ma conscience; car, en vérité, vous me plaisez fort.

— Alors, si je vous plais, ne me forcez pas à me lever quand je suis las, à courir à cheval quand je pourrais étendre mes bras et dégourdir mes jambes dans un lit. N'exagérez pas votre médiocrité, enfin, si vous ne voulez pas que je croie à un mauvais vouloir qui me serait personnel.

— Oh! s'il en est ainsi, dit le baron, vous coucherez au château; puis, cherchant La Brie des yeux et l'apercevant dans un coin : Avance ici, vieux scélérat, lui cria-t-il.

La Brie fit timidement quelques pas.

— Avance donc, ventrebleu ! Voyons, penses-tu que la chambre rouge soit présentable ?

— Certes oui, monsieur, répondit le vieux serviteur, puisque c'est celle de M. Philippe quand il vient à Taverney.

— Elle peut être fort bien pour un pauvre diable de lieutenant qui vient passer trois mois chez un père ruiné, et fort mal pour un riche seigneur qui court la poste à quatre chevaux.

— Je vous assure, monsieur le baron, dit Balsamo, qu'elle sera parfaite.

Le baron fit une grimace qui voulait dire : c'est bon, je sais ce qu'il en est.

Puis tout haut :

— Donne donc la chambre rouge à monsieur, continua-t-il, puisque monsieur veut absolument être guéri de l'envie de revenir à Taverney. Ainsi, vous tenez à coucher ici ?

— Mais oui.

— Cependant, attendez donc, il y aurait un moyen.

— A quoi?

— A ce que vous ne fissiez pas la route à cheval.

— Quelle route?

— La route qui mène d'ici à Bar-le-Duc.

Balsamo attendit le développement de la proposition.

— Ce sont des chevaux de poste qui ont amené votre voiture ici?

— Sans doute; à moins que ce ne soit Satan.

— J'ai pensé d'abord que cela pouvait être, car je ne vous crois pas trop mal avec lui.

— Vous me faites infiniment plus d'honneur que je n'en mérite.

— Eh bien ! les chevaux qui ont amené votre voiture peuvent la remmener.

— Non pas, car il n'en reste que deux sur quatre. La voiture est lourde et les chevaux de poste doivent dormir.

— Encore une raison. Décidément vous tenez à coucher ici.

— J'y tiens aujourd'hui pour vous revoir demain. Je veux vous témoigner ma reconnaissance.

— Vous avez un moyen tout simple pour cela.

— Lequel ?

— Puisque vous êtes si bien avec le diable, priez-le donc de me faire trouver la pierre philosophale.

— Monsieur le baron, si vous y teniez beaucoup...

— A la pierre philosophale ! parbleu ! si j'y tiendrais ?

— Il faudrait alors vous adresser à une personne qui n'est pas le diable.

— Quelle est cette personne ?

— Moi, comme dit Corneille dans je ne sais plus quelle comédie qu'il me récitait, tenez, il y a juste cent ans, en passant sur le Pont-Neuf à Paris.

— La Brie! vieux coquin! s'écria le comte, qui commençait à trouver la conversation dangereuse à une pareille heure et avec un pareil homme, — tâchez de trouver une bougie et d'éclairer monsieur.

La Brie se hâta d'obéir, et, tout en faisant cette recherche presque aussi chanceuse que la pierre philosophale, il appela

Nicole pour qu'elle montât la première et donnât de l'air à la chambre rouge.

Nicole laissa Andrée seule, ou plutôt Andrée fut enchantée de trouver cette occasion de congédier sa chambrière : elle avait besoin de demeurer avec sa pensée.

Le baron souhaita le bonsoir à Balsamo et alla se coucher.

Balsamo tira sa montre, car il se rappelait la promesse qu'il avait faite à Althotas. Il y avait deux heures et demie déjà, au lieu de deux heures, que le savant dormait. C'étaient trente minutes perdues. Il demanda donc à La Brie si le carrosse était toujours au même endroit.

La Brie répondit qu'à moins qu'il n'eût marché tout seul, il devait y être.

Balsamo s'informa alors de ce qu'était devenu Gilbert.

La Brie assura que Gilbert était un fainéant qui devait être couché depuis une heure au moins.

Balsamo sortit pour aller réveiller Althotas, après avoir étudié la topographie du chemin qui conduisait à la chambre rouge.

M. de Taverney n'avait point menti relativement à la médiocrité de cette chambre : l'ameublement répondait à celui des autres pièces du château.

Un lit de chêne, dont la couverture était de vieux damas vert jauni, comme les tentures à festons; une table de chêne à pieds tordus ; une grande cheminée de pierre qui datait du temps de Louis XIII, et à qui le feu pouvait donner une certaine somptuosité l'hiver, mais à qui l'absence du feu donnait un aspect des plus tristes l'été, vide de chenets. vide d'ustensiles à feu, vide de bois, mais pleine en échange de vieilles gazettes; tel était le mobilier dont

Balsamo allait, pour une nuit, se trouver l'heureux propriétaire.

Nous y joindrons deux chaises et une armoire de bois peinte en gris avec des panneaux creusés.

Pendant que La Brie essayait de mettre un peu d'ordre dans cette chambre aérée par Nicole, qui s'était retirée chez elle cette opération faite, Balsamo, après avoir réveillé Althotas, rentrait dans la maison.

Arrivé en face de la porte d'Andrée, il s'arrêta pour écouter. Au moment où Andrée avait quitté la salle du souper, elle s'était aperçue qu'elle échappait à cette mystérieuse influence que le voyageur exerçait sur elle. Et pour combattre jusqu'à ces pensées, elle s'était mise à son clavecin.

Les sons arrivaient jusqu'à Balsamo à travers la porte fermée.

Balsamo, comme nous l'avons dit, s'était arrêté devant cette porte.

Au bout d'un instant, il fit plusieurs gestes arrondis qu'on eût pu prendre pour une espèce de conjuration, et qui en étaient une sans doute, puisque, frappée d'une nouvelle sensation pareille à celle qu'elle avait déjà éprouvée, Andrée cessa lentement de jouer son air, laissa ses mains retomber immobiles à ses côtés, et se retourna vers la porte d'un mouvement lent et roide, pareil à celui d'une personne qui obéit à une influence étrangère et accomplit des choses qui ne lui sont pas commandées par son libre arbitre.

Balsamo sourit dans l'ombre, comme s'il eût pu voir à travers cette porte fermée.

C'était sans doute tout ce que désirait Balsamo, et il avait deviné que ce désir était accompli ; car, ayant étendu la main gauche et trouvé sous cette main la rampe, il monta l'escalier roide et massif qui conduisait à la chambre rouge.

A mesure qu'il s'éloignait, Andrée, du même mouvement lent et roide, se détournait de la porte et revenait à son clavecin. En atteignant la dernière marche de l'escalier, Balsamo put entendre les premières notes de la reprise de l'air interrompu.

Balsamo entra dans la chambre rouge et congédia La Brie.

La Brie était visiblement un bon serviteur, habitué à obéir sur un signe. Cependant, après avoir fait un mouvement vers la porte, il s'arrêta.

— Eh bien ? demanda Balsamo.

La Brie glissa sa main dans la poche

de sa veste, parut palper quelque chose au plus profond de cette poche muette, mais ne répondit pas.

— Avez-vous quelque chose à me dire, mon ami? demanda Balsamo en s'approchant de lui.

La Brie parut faire un violent effort sur lui-même, et tirant sa main de sa poche :

— Je veux dire, monsieur, que vous vous êtes sans doute trompé ce soir, répondit-il.

— Moi, fit Balsamo ; et en quoi donc, mon ami ?

— En ce que vous avez cru me donner

une pièce de vingt-quatre sous et que vous m'avez donné une pièce de vingt-quatre livres. —

Et il ouvrit sa main qui laissa voir un louis neuf et étincelant.

Balsamo regarda le vieux serviteur avec un sentiment d'admiration qui semblait indiquer qu'il n'avait pas d'ordinaire pour les hommes une grande considération à l'endroit de la probité.

— *And honest!* dit-il comme Hamlet.

Et fouillant à son tour dans sa poche, il mit un second louis à côté du premier.

La joie de La Brie à la vue de cette

splendide générosité ne saurait se concevoir. Il y avait vingt ans au moins qu'il n'avait vu d'or.

Il fallut, pour qu'il se crût l'heureux propriétaire d'un pareil trésor, que Balsamo le lui prît dans la main et le lui glissât lui-même dans la poche.

Il salua jusqu'à terre, et se retirait à reculons, lorsque Balsamo l'arrêta.

— Quelles sont le matin les habitudes du château? demanda-t-il.

— M. de Taverney reste tard au lit, monsieur; mais mademoiselle Andrée se lève toujours de bonne heure.

— A quelle heure?

— Mais vers six heures.

— Qui couche au-dessus de cette chambre?

— Moi, monsieur.

— Et au-dessous?

— Personne. C'est le vestibule qui donne sous cette chambre.

— Bien, merci, mon ami; laissez-moi maintenant.

— Bonsoir, monsieur.

— Bonsoir. A propos, veillez à ce que ma voiture soit en sûreté.

— Oh! monsieur peut être tranquille.

— Si vous y entendiez quelque bruit, ou si vous y aperceviez de la lumière, ne vous effrayez pas. Elle est habitée par un vieux serviteur impotent que je mène avec moi, et qui habite le fond du carrosse. Recommandez à M. Gilbert de ne pas le troubler; dites-lui aussi, je vous prie, qu'il ne s'éloigne pas demain matin avant que je lui aie parlé. Retiendrez-vous bien tout cela, mon ami?

— Oh! oui certes; mais monsieur nous quitterait-il si tôt?

— C'est selon, dit Balsamo avec un

sourire. Cependant, pour bien faire, il faudrait que je fusse à Bar-le-Duc demain soir.

La Brie poussa un soupir de résignation, jeta un dernier coup d'œil au lit, et approcha la bougie du foyer pour donner un peu de chaleur à cette grande chambre humide, en brûlant tous les papiers à défaut de bois.

Mais Balsamo l'arrêta.

— Non, dit-il, laissez tous ces vieux journaux où ils sont ; si je ne dors pas, je m'amuserai à les lire.

La Brie s'inclina et sortit.

Balsamo s'approcha de la porte, écouta les pas du vieux serviteur, qui faisaient à leur tour craquer l'escalier. Bientôt les pas retentirent au-dessus de sa tête; La Brie était rentré chez lui.

Alors le baron alla à la fenêtre.

En face de sa fenêtre, à l'autre aile du pavillon, une petite mansarde, aux rideaux mal fermés, était éclairée. C'était celle de Legay. La jeune fille détachait lentement sa robe et son fichu. Souvent elle ouvrait sa fenêtre et se penchait en dehors pour voir dans la cour.

Balsamo la regardait avec une attention

qu'il n'avait sans doute pas voulu lui accorder au souper.

— Étrange ressemblance! murmura-t-il.

En ce moment, la lumière de la mansarde s'éteignit, quoique celle qui l'habitait ne fût point couchée.

Balsamo demeura appuyé à la muraille.

Le clavecin retentissait toujours.

Le baron parut écouter si aucun autre bruit ne se mêlait à celui de l'instrument... Puis, lorsqu'il se fut bien assuré que l'harmonie veillait seule au milieu du silence général, il rouvrit sa porte, fermée par

La Brie, descendit l'escalier avec précaution, et poussa doucement la porte du salon, qui tourna sans bruit sur ses gonds usés.

Andrée n'entendit rien.

Elle promenait ses belles mains, d'un blanc mat, sur l'ivoire jauni de l'instrument, en face d'elle était une glace incrustée dans un parquet sculpté dont la dorure écaillée avait disparu sous une couche de couleur grise.

L'air que jouait la jeune fille était mélancolique. Au reste, c'étaient plutôt de simples accords qu'un air. — Elle improvisait sans doute, et repassait sur le clavecin les souvenirs de sa pensée ou les rêves de son imagination. Peut-être son esprit, si attristé par le séjour de Taverney, quittait-il momentanément le château pour aller se perdre dans les immenses et nombreux jardins de l'Annonciade de Nancy, tout peuplés de joyeuses pensionnaires. Quoi qu'il en fût pour le moment, son regard vague et à demi voilé se perdait dans le sombre miroir placé devant elle, et qui reflétait les ténèbres que ne pouvait aller combattre au fond de cette grande pièce la lumière de la seule bougie qui, placée sur le clavecin, éclairait la musicienne.

Parfois elle s'arrêtait tout à coup. C'est qu'alors elle se rappelait l'étrange vision de la soirée et les impressions inconnues qui en avaient été la suite. Or, avant que sa pensée eût rien précisé à cet égard, le cœur avait déjà battu, et le frisson avait parcouru ses membres. Elle tressaillait comme si, tout isolée qu'elle était alors, le contact d'un être animé fût venu l'effleurer et la troubler en l'effleurant.

Tout à coup, comme elle cherchait à se rendre compte de ces impressions bizarres, elle les éprouva de nouveau. Toute sa personne frissonna comme secouée d'une commotion électrique. Ses regards prirent de la netteté, sa pensée se solidifia pour ainsi dire, et elle aperçut comme un mouvement dans la glace.

C'était la porte du salon qui s'ouvrait sans bruit.

Derrière cette porte apparut une ombre.

Andrée frémit, ses doigts s'égarèrent sur les touches.

Rien n'était plus naturel cependant que cette apparition.

Cette ombre qu'il était impossible de reconnaître, encore plongée dans les ténèbres qu'elle était, ne pouvait-elle être celle de M. de Taverney ou celle de Nicole : La Brie, avant de se coucher, n'avait-il pas à rôder par les appartements et à entrer au salon pour quelque besogne? La chose lui arrivait fréquemment, et, dans ces sortes de tournées, le discret et fidèle serviteur ne faisait jamais de bruit.

Mais la jeune fille voyait avec les yeux de l'âme que ce n'était ni l'une ni l'autre de ces trois personnes.

L'ombre s'approcha d'un pas muet, se faisant de plus en plus distincte au milieu des ténèbres. Arrivé au cercle qu'embrassait la lumière, Andrée reconnut l'étranger, si effrayant, avec son visage pâle et sa redingote de velours noir.

Il avait, sans doute pour quelque mystérieux motif, quitté l'habit de soie qu'il portait (1).

Elle voulut se retourner, crier.

Mais Balsamo étendit ses bras en avant, et elle ne bougea plus.

Elle fit un effort.

— Monsieur, dit-elle, monsieur !... au nom du ciel, que voulez-vous ?

(1) On sait que la soie est mauvaise conductrice, et repousse l'électricité. Il est à peu près impossible de magnétiser une personne qui porte de la soie sur elle.

Balsamo sourit, la glace répéta cette expression de sa physionomie, et Andrée l'absorba avidement.

Mais il ne répondit pas.

Andrée tenta encore une fois de se lever, mais elle ne put 'y parvenir, une force invincible, un engourdissement qui n'était point sans charme, la clouèrent sur son fauteuil, tandis que son regard restait rivé sur le miroir magique.

Cette sensation nouvelle l'épouvanta, car elle se sentait entièrement à la discrétion de cet homme, et cet homme était un inconnu.

Elle fit pour appeler au secours un effort surhumain ; sa bouche s'ouvrit ; mais Balsamo étendit ses deux mains au-dessus de la tête de la jeune fille, et aucun son ne sortit de sa bouche.

Andrée resta muette ; sa poitrine s'emplit d'une sorte de chaleur stupéfiante qui monta lentement jusqu'à son cerveau, se déroulant comme une vapeur aux tourbillons envahissants.

La jeune fille n'avait plus ni force ni volonté ; elle laissa retomber sa tête sur son épaule.

En ce moment il sembla à Balsamo

entendre un léger bruit du côté de la fenêtre ; il se retourna vivement et crut voir extérieurement s'éloigner de la vitre le visage d'un homme.

Il fronça le sourcil ; et, chose étrange, la même impression sembla se refléter sur le visage de la jeune fille.

Alors, se retournant du côté d'Andrée, il abaissa les deux mains qu'il avait constamment tenues levées au-dessus de sa tête, les releva d'un geste onctueux, les abaissa encore, et persévérant pendant quelques secondes à entasser sur la jeune fille des colonnes écrasantes d'électricité :

— Dormez ! dit-il.

Puis, comme elle se débattait encore sous le charme :

— Dormez ! répéta-t-il avec l'accent de la domination. Dormez ! je le veux.

Dès lors tout céda à cette puissante volonté. Andrée appuya le coude sur le clavecin, posa la tête sur sa main et s'endormit.

Puis Balsamo sortit à reculons, tira la porte après lui, et l'on put l'entendre remonter l'escalier de bois et regagner sa chambre.

Aussitôt que la porte du salon se fut refermée derrière lui, la figure qu'avait cru entrevoir Balsamo reparut aux vitres.

C'était celle de Gilbert.

II

Attraction.

Gilbert, exclu du salon par l'infériorité de sa position au château de Taverney, avait surveillé toute la soirée les personnages à qui leur rang permettait d'y figurer.

Durant tout le souper, il avait vu Balsamo sourire et gesticuler. Il avait remarqué l'attention dont l'honorait Andrée ; l'affabilité inouïe du baron à son égard ; l'empressement respectueux de La Brie.

Plus tard, lorsqu'on s'était levé de table, il s'était caché dans un massif de lilas et de boules-de-neige, dans la crainte que Nicole, en fermant les volets ou en regagnant sa chambre, ne l'aperçût et ne le dérangeât dans son investigation, ou plutôt dans son espionnage.

Nicole avait, en effet, opéré sa ronde, mais elle avait dû laisser ouvert un des volets du salon, dont les charnières à moitié descellées ne permettaient pas aux contrevents de rouler sur leurs gonds.

Gilbert connaissait bien cette circonstance. Aussi n'avait-il pas, comme nous l'avons vu, quitté son poste, sûr qu'il était de continuer ses observations, quand Legay serait partie.

Ses observations, avons-nous dit, — ce mot, peut-être, semblera bien vague au lecteur. — Quelles observations Gilbert pouvait-il faire? ne connaissait-il pas le château de Taverney dans tous ses détails, puisqu'il y avait été élevé ; les personnages qui l'habitaient sous toutes leurs faces, puisque depuis dix-sept ou dix-huit ans il les voyait tous les jours ?

C'est que ce soir-là Gilbert avait d'autres

desseins que d'observer ; il ne guettait pas seulement, il attendait.

Quand Nicole eut quitté le salon en y laissant Andrée, quand, après avoir lentement et négligemment fermé les portes et les volets, elle se fut promenée dans le parterre, comme si elle y eût attendu quelqu'un ; quand elle eut plongé de tous côtés de furtifs regards, quand elle eût fait enfin ce que venait de faire et allait faire encore Gilbert, elle se décida à la retraite et regagna sa chambre.

Gilbert, comme on le comprend bien, immobile contre le tronc d'un arbre, à moitié courbé, respirant à peine, n'avait pas perdu un des mouvements, pas perdu un des gestes de Nicole; puis, lorsqu'elle eut disparu, lorsqu'il eut vu s'illuminer la fenêtre des mansardes, il traversa l'espace vide sur la pointe du pied, parvint jusqu'à la fenêtre, s'y accroupit dans l'ombre et attendit sans savoir peut-être ce qu'il attendait, dévorant des yeux Andrée, nonchalamment assise à son clavecin.

Ce fut dans ce moment que Joseph Balsamo entra dans le salon.

Gilbert tressaillit à cette vue, et son regard ardent se concentra sur les deux personnages de la scène que nous venons de raconter.

Il crut voir que Balsamo complimentait Andrée sur son talent, que celle-ci lui répondait avec sa froideur accoutumée ; qu'il insistait avec un sourire, qu'elle suspendait son étude pour répondre et congédier son hôte.

Il admira la grâce avec laquelle celui-ci se retirait. De toute la scène qu'il avait cru comprendre, il n'avait absolument rien compris, car la réalité de cette scène était le silence.

Gilbert n'avait rien pu entendre, il avait seulement vu remuer des lèvres et s'agiter des bras. Comment, si bon observateur qu'il fût, eût-il reconnu un mystère là où tout se passait naturellement en apparence?

Balsamo parti, Gilbert demeura non plus en observation, mais en contemplation devant Andrée, si belle dans sa pose nonchalante, puis bientôt il s'aperçut avec étonnement qu'elle dormait. — Il demeura encore quelques minutes dans la même attitude, pour s'assurer bien positivement que son immobilité était bien du sommeil. — Puis, lorsqu'il en fut bien convaincu, il se leva tenant sa tête à deux mains, comme un homme qui craint que son cerveau n'éclate sous le flot des pensées qui y affluent; puis, dans un moment de volonté qui ressemblait à un élan de fureur.

— Oh ! sa main, dit-il, approcher seulement mes lèvres de sa main. Allons, Gilbert ! allons ! je le veux !...

Et cela dit, s'obéissant à lui-même, il s'élança dans l'antichambre et atteignit la porte du salon qui s'ouvrit sans bruit pour lui comme elle avait fait pour Balsamo.

Mais à peine cette porte fut-elle ouverte, à peine se trouva-t-il en face de la jeune fille sans que rien l'en séparât plus, qu'il comprit toute l'importance de l'action qu'il allait commettre ; lui, Gilbert, lui, le fils d'un métayer et d'une paysanne, lui, le jeune homme timidé, sinon respectueux, qui, à peine, du fond de son obscurité, avait osé lever les yeux sur la fière et dédaigneuse jeune fille, il allait toucher de ses lèvres le bas de la robe ou le bout des doigts de cette majesté endormie qui pouvait, en se réveillant, la foudroyer de son regard. A cette pensée, tous ces nuages d'enivrement qui avaient égaré son esprit et bouleversé son cerveau, se dissipèrent. Il s'arrêta, se retenant au chambranle de la porte, car les jambes lui tremblaient si fort qu'il lui semblait qu'il allait tomber.

Mais la méditation ou le sommeil d'Andrée était si profond, car Gilbert ne savait encore bien précisément si la jeune fille dormait ou méditait, qu'elle ne fit pas un seul mouvement, quoiqu'elle eût pu entendre les palpitations du cœur de Gilbert, que celui-ci essayait vainement de comprimer dans sa poitrine; il resta un moment debout, haletant; la jeune fille ne bougea point.

Elle était si belle ainsi, doucement appuyée sur sa main, avec ses longs cheveux sans poudre, épars sur son col et sur ses épaules, que cette flamme assoupie, mais non pas éteinte par la terreur, se réveilla. Un nouveau vertige le prit; c'était comme une enivrante folie; c'était comme un dévorant besoin de toucher quelque chose qui la touchât elle-même; il fit de nouveau un pas vers elle.

Le plancher craqua sous son pied mal affermi; à ce bruit, une sueur froide perla sur le front du jeune homme, mais Andrée ne parut pas l'avoir entendu.

— Elle dort, murmura Gilbert. O bonheur! elle dort.

Mais Gilbert, au bout de trois pas, s'arrêta de nouveau, une chose semblait l'épouvanter; c'était l'éclat inaccoutumé de la lampe qui, près de s'éteindre, lançait ces dernières, ces fulgurantes lueurs qui précèdent les ténèbres.

Du reste pas un bruit, pas un souffle dans toute la maison, le vieux La Brie était couché et sans doute endormi. La lumière de Nicole était éteinte.

— Allons, dit-il.

Et il s'avança de nouveau.

Chose étrange, le parquet cria de nouveau, et Andrée ne remua point encore.

Gilbert s'étonna de cet étrange sommeil, il s'en effraya presque.

— Elle dort, répéta-t-il, avec cette mobilité de la pensée qui fait chanceler vingt fois en une minute la résolution d'un amant ou d'un lâche. Est lâche quiconque n'est plus maître de son cœur. Elle dort, ô mon Dieu ! mon Dieu !

Mais, au milieu de toutes ces fiévreuses alternatives de crainte et d'espérance, Gilbert, avançant toujours, se trouva à deux pas d'Andrée. Dès lors, ce fut comme une magie ; il eût voulu fuir que la fuite lui eût été impossible, une fois entré dans le cercle d'attraction dont la jeune fille était le centre, il se sentait lié, garrotté, vaincu ; il se laissa tomber sur ses deux genoux.

Andrée demeura immobile, muette; on eût dit une statue. Gilbert prit le bas de sa robe et la baisa.

Puis, il releva la tête, lentement, sans souffle, d'un mouvement égal : ses yeux cherchèrent les yeux d'Andrée.

Ils étaient tout grands ouverts, et cependant Andrée ne voyait pas.

Gilbert ne savait plus que penser, il était anéanti sous le poids de la surprise.

Un moment il eut l'effroyable idée qu'elle était morte ; pour s'en assurer il osa prendre sa main, elle était tiède et l'artère y battait doucement. Mais la main d'Andrée

resta immobile dans la main de Gilbert.
Alors Gilbert se figura, enivré sans doute
par cette voluptueuse pression, qu'Andrée
voyait, qu'elle sentait, qu'elle avait deviné
son amour insensé ; il crut, pauvre cœur
aveuglé, qu'elle attendait sa visite, que
son silence était un consentement, son
immobilité une faveur.

Alors il souleva la main d'Andrée jusqu'à ses lèvres, et y imprima un long et fiévreux baiser.

Tout à coup Andrée frissonna et Gilbert sentit qu'elle le repoussait.

— Oh ! je suis perdu, murmura-t-il

en abandonnant la main de la jeune fille et en frappant le parquet de son front.

Andrée se leva comme si un ressort l'eût dressée sur ses pieds ; ses yeux ne s'abaissèrent pas même sur le plancher où gisait Gilbert à demi écrasé par la honte et la terreur, Gilbert qui n'avait pas seulement la force d'implorer un pardon sur lequel il ne comptait pas.

Mais Andrée, la tête haute, le cou tendu, comme si elle eût été entraînée par une force secrète vers un but invisible, effleura en passant l'épaule de Gilbert, passa outre, et commença de s'avancer vers la porte avec une démarche contrainte et pénible.

Gilbert, la sentant s'éloigner, se souleva sur une main, se retourna lentement, et la suivit d'un regard étonné.

Andrée continua son chemin vers la porte, l'ouvrit, franchit l'antichambre, et arriva au pied de l'escalier.

Gilbert, pâle et tremblant, la suivait en se traînant sur ses genoux.

— Oh! pensa-t-il, elle est si indignée qu'elle n'a pas daigné s'en prendre à moi : elle va trouver le baron, elle va lui raconter ma honteuse folie, et l'on va me chasser comme un laquais!

La tête du jeune homme s'égara à cette

pensée qu'il quitterait Taverney, qu'il cesserait de voir celle qui était sa lumière, sa vie, son âme; le désespoir lui donna du courage; il se redressa sur ses pieds et s'élança vers Andrée.

— Oh! pardon, mademoiselle, au nom du ciel! pardon, murmura-t-il.

Andrée parut n'avoir point entendu; mais elle passa outre et n'entra point chez son père.

Gilbert respira.

Andrée posa le pied sur la première marche de l'escalier, puis sur la seconde.

— Oh! mon Dieu! mon Dieu! murmura Gilbert; où peut-elle donc aller ainsi? cet escalier ne conduit qu'à la chambre rouge, qu'habite cet étranger, et à la mansarde de La Brie. Si c'était pour La Brie, elle appellerait, elle sonnerait. Elle irait donc... Oh! c'est impossible! impossible!

Et Gilbert crispait ses poings de rage à la seule idée qu'Andrée pouvait aller chez Balsamo.

Devant la porte de l'étranger elle s'arrêta.

Une sueur froide coulait au front de Gilbert; il se cramponna aux barreaux de l'escalier pour ne pas tomber lui-même ; car il avait continué de suivre Andrée. Tout ce qu'il voyait, tout ce qu'il croyait deviner lui semblait monstrueux.

La porte de Balsamo était entre-bâillée ; Andrée la poussa sans y frapper. La lumière qui s'en échappa éclaira ses traits si nobles et si purs, et tourbillonna en reflets d'or dans ses yeux tout grands ouverts.

Au milieu de la chambre, Gilbert put entrevoir l'étranger, debout, l'œil fixe, le front plissé, et la main étendue avec le geste du commandement.

Puis la porte se referma.

Gilbert sentit ses forces défaillir. Une de ses mains lâcha la rampe, l'autre se porta à son front brûlant; il tourna sur lui-même comme une roue sortie de l'essieu et tomba étourdi sur la pierre froide de la première marche, l'œil encore attaché sur cette porte maudite, par laquelle venait de s'engloutir tout le rêve passé, tout le bonheur présent, toute l'espérance de l'avenir.

III

La Voyante.

Balsamo vint au-devant de la jeune fille qui était entrée ainsi chez lui sans se déranger de la ligne directe, ferme dans sa marche comme la statue du Commandeur.

Si étrange que fût cette apparition pour

tout autre que Balsamo, elle ne parut point surprendre celui-ci.

— Je vous ai commandé de dormir, dit-il; dormez-vous?

Andrée poussa un soupir, mais ne répondit point.

Balsamo s'approcha de la jeune fille, et la chargea d'une plus grande quantité de fluide.

— Je veux que vous parliez? dit-il.

La jeune fille tressaillit.

— Avez-vous entendu ce que j'ai dit? demanda l'étranger.

Andrée fit signe que oui.

— Pourquoi ne parlez-vous point alors?

Andrée porta la main à sa gorge, comme pour exprimer que les paroles ne pouvaient point se faire jour.

— Bien! asseyez-vous là, dit Balsamo.

Il la prit par la même main que Gilbert venait de baiser sans qu'elle s'en aperçût, et ce seul contact lui donna le même tressaillement que nous lui avons déjà vu éprouver quand le fluide souverain lui était venu d'en haut tout à l'heure.

La jeune fille, conduite par Balsamo, fit

trois pas à reculons et s'assit dans un fauteuil.

— Maintenant, dit-il, voyez-vous ?

Les yeux d'Andrée se dilatèrent comme si elle eût voulu embrasser tous les rayons lumineux répandus dans la chambre par les lueurs divergentes de deux bougies.

— Je ne vous dis pas de voir avec les yeux, continua Balsamo ; voyez avec la poitrine.

Et tirant de dessous sa veste brodée une baguette d'acier, il en posa l'extrémité sur la poitrine palpitante de la jeune fille.

Celle-ci bondit comme si un dard de

flamme eût traversé sa chair et pénétré jusqu'à son cœur; ses yeux se fermèrent aussitôt.

— Ah! bien, dit Balsamo, vous commencez à voir, n'est-ce pas?

Elle fit un signe de tête affirmatif.

— Et vous allez parler, n'est-ce pas?

— Oui, répondit Andrée.

Mais en même temps elle porta la main à son front avec un geste d'indicible douleur.

— Qu'avez-vous? demanda Balsamo.

— Oh! je souffre!

— Pourquoi souffrez-vous?

— Parce que vous me forcez de voir et de parler.

Balsamo leva deux ou trois fois les mains au-dessus du front d'Andrée et sembla écarter une portion du fluide prêt à le faire éclater.

— Souffrez-vous encore? demanda-t-il.

— Moins, répondit la jeune fille.

— Bien ; alors regardez où vous êtes.

Les yeux d'Andrée restèrent fermés ; mais sa figure s'assombrit et parut exprimer le plus vif étonnement.

— Dans la chambre rouge, murmura-t-elle.

— Avec qui ?

— Avec vous, continua-t-elle en tressaillant.

— Qu'avez-vous ?

— J'ai peur ! j'ai honte !

— De quoi ? Ne sommes-nous pas sympathiquement unis ?

— Si fait.

— Ne savez-vous pas que je ne vous fais venir qu'avec des intentions pures ?

— Ah ! oui, c'est vrai, dit-elle.

— Et que je vous respecte à l'égal d'une sœur?

— Oui, je le sais.

Et sa figure se rasséréna, puis se troubla de nouveau.

— Vous ne me dites pas tout, continua Balsamo. Vous ne me pardonnez pas entièrement.

— C'est que je vois que, si vous ne me voulez point de mal à moi, vous en voulez peut-être à d'autres?

— C'est possible, murmura Balsamo; mais ne vous occupez point de cela, ajouta-t-il avec le ton du commandement.

Andrée reprit son visage habituel.

— Tout le monde dort-il dans la maison?

— Je ne sais pas, dit-elle.

— Alors regardez.

— De quel côté voulez-vous que je regarde?

— Voyons. Du côté de votre père, d'abord. Où est-il?

— Dans sa chambre.

— Que fait-il?

— Il est couché.

— Dort-il?

— Non, il lit.

— Que lit-il?

— Un de ces mauvais livres qu'il veut toujours me faire lire.

— Et que vous ne lisez pas?

La figure d'Andrée exprima un superbe dédain.

— Non, dit-elle.

— Bien. Nous sommes donc tranquilles de ce côté. Regardez du côté de Nicolle, dans sa chambre?

— Il n'y a point de lumière dans sa chambre.

— Avez-vous besoin de lumière pour y voir ?

— Non, si vous l'ordonnez.

— Voyez ! je le veux.

— Ah ! je la vois !

— Eh bien ?

— Elle est à moitié vêtue ; elle pousse doucement la porte de sa chambre ; elle descend l'escalier.

— Bien. Où va-t-elle ?

— Elle s'arrête à la porte de la cour ; elle se cache derrière cette porte ; elle guette, elle attend.

Balsamo sourit.

— Est-ce vous, dit-il, qu'elle guette ou qu'elle attend?

— Non.

— Eh bien ! voilà le principal. Quand une jeune fille est libre de son père et de sa femme de chambre, elle n'a plus rien à craindre, à moins que...

— Non, dit-elle.

— Ah! ah! vous répondez à ma pensée?

— Je la vois.

— Ainsi, vous n'aimez personne?

— Moi ? dit dédaigneusement la jeune fille...

— Eh! sans doute; vous pourriez aimer quelqu'un, ce me semble. On ne sort pas du couvent pour vivre dans la réclusion, et l'on donne la liberté au cœur en même temps qu'au corps?

Andrée secoua la tête.

— Mon cœur est libre, dit-elle tristement.

Et une telle expression de candeur et de modestie virginale embellit ses traits, que Balsamo radieux murmura :

— Un lis! une pupille! une voyante!

Et il joignit les mains, en signe de joie et de remercîment, puis revenant à Andrée :

— Mais si vous n'aimez pas, continua-t-il, vous êtes aimée sans doute ?

— Je ne sais pas, dit la jeune fille avec douceur.

— Comment, vous ne savez pas, répondit Balsamo assez rudement, cherchez ! Quand j'interroge, c'est pour avoir une réponse.

Et il toucha une seconde fois la poitrine de la jeune fille du bout de sa baguette d'acier.

La jeune fille tressaillit encore, mais sous l'impression d'une douleur visiblement moins vive que la première.

— Oui, oui, je vois, dit-elle, ménagez-moi, car vous me tueriez.

— Que voyez-vous? demanda Balsamo.

— Oh! mais, c'est impossible! répondit Andrée.

— Que voyez-vous donc?

— Un jeune homme qui, depuis mon retour du couvent, me suit, m'épie, me couve des yeux, mais toujours caché.

— Quel est ce jeune homme?

— Je ne vois pas son visage, mais seulement son habit ; c'est presque l'habit d'un ouvrier ?

— Où est-il ?

— Au bas de l'escalier ; il souffre, il pleure.

— Pourquoi ne voyez-vous pas son visage ?

— C'est qu'il le tient caché dans ses mains.

— Voyez à travers ses mains.

Andrée parut faire un effort.

— Gilbert ! s'écria-t-elle. Oh ! je disais bien que c'était impossible !

— Et pourquoi impossible ?

— Parce qu'il n'oserait pas m'aimer, répondit la jeune fille avec l'expression d'un suprême dédain.

Balsamo sourit en homme qui connaît l'homme, et qui sait qu'il n'y a pas de distance que le cœur ne franchisse, cette distance fût-elle un abîme.

— Et que fait-il au bas de l'escalier?

— Attendez, il écarte les mains de son front, il se cramponne à la rampe, il se soulève, il monte.

— Où monte-t-il ?

— Ici... C'est inutile, il n'osera entrer.

— Pourquoi n'osera-t-il entrer ?

— Parce qu'il a peur, dit Andrée avec un sourire de mépris.

— Mais il écoutera.

— Sans doute, il approche son oreille de la porte, il écoute.

— Il vous gêne alors ?

— Oui, parce qu'il peut entendre ce que je dis.

— Et il est homme à en abuser, même envers vous, qu'il aime ?

— Oui, dans un moment de colère ou de jalousie ; oh ! oui, dans un de ces moments-là, il est capable de tout.

— Alors débarrassons-nous-en, dit Balsamo.

Et il marcha bruyamment vers la porte.

Sans doute l'heure de la bravoure n'était pas encore venue pour Gilbert, car, au bruit des pas de Balsamo, craignant d'être surpris, il s'élança à cheval sur la rampe et se laissa glisser jusqu'à terre.

Andrée poussa un petit cri d'épouvante.

— Cessez de regarder de ce côté, dit Balsamo en revenant vers Andrée. Ce sont choses de peu d'importance que les amours vulgaires. Parlez-moi du baron de Taverney, voulez-vous ?

— Je veux tout ce que vous voulez, dit Andrée avec un soupir.

— Il est donc bien pauvre, le baron?

— Très-pauvre.

— Trop pauvre pour vous donner aucune distraction ?

— Aucune.

— Alors, vous vous ennuyez, dans ce château ?

— Mortellement.

— Vous avez de l'ambition, peut-être?

— Non.

— Vous aimez votre père?

— Oui, dit la jeune fille presque avec hésitation.

— Cependant il me sembla, hier soir, qu'il y avait un nuage sur cet amour filial? reprit Balsamo en souriant.

— Je lui en veux d'avoir follement dépensé toute la fortune de ma mère, de sorte que le pauvre Maison-Rouge languit en garnison et ne peut plus porter dignement le nom de notre famille.

— Qu'est-ce que Maison-Rouge ?

— Mon frère Philippe.

— Pourquoi l'appelez-vous Maison-Rouge ?

— Parce que c'est le nom, ou plutôt parce que c'était le nom d'un château à nous, et que les aînés de la famille portaient ce nom jusqu'à la mort de leur père ; alors ils s'appellent Taverney.

— Et vous aimez votre frère ?

— Oh ! oui, beaucoup ! beaucoup !

— Plus que toute chose ?

— Plus que toute chose.

— Et pourquoi l'aimez-vous avec cette passion, quand vous aimez votre père si modérément ?

— Parce qu'il est un noble cœur, lui, qui donnerait sa vie pour moi.

— Tandis que votre père?...

Andrée se tut.

— Vous ne répondez pas?

— Je ne veux pas répondre.

Sans doute Balsamo ne jugea pas à propos de forcer la volonté de la jeune fille. Peut-être d'ailleurs savait-il déjà sur le baron tout ce qu'il voulait savoir.

— Et où est en ce moment le chevalier de Maison-Rouge?

— Vous me demandez où est Philippe?

— Oui.

— Il est en garnison à Strasbourg.

— Le voyez-vous en ce moment?

— Où cela?

— A Strasbourg.

— Je ne le vois pas.

— Connaissez-vous la ville?

— Non.

— Je la connais, moi; cherchons ensemble, voulez-vous?

— Je veux bien.

— Est-il au spectacle?

— Non.

— Est-il au café de la Place avec les autres officiers ?

— Non.

— Est-il rentré chez lui dans sa chambre? Je veux que vous voyiez la chambre de votre frère.

— Je ne vois rien. Je crois qu'il n'est plus à Strasbourg.

— Connaissez-vous la route?

— Non.

— N'importe! je la connais, moi; suivons-la. Est-il à Saverne ?

— Non.

— Est-il à Sarrebruck ?

— Non.

— Est-il à Nancy ?

— Attendez, attendez !

La jeune fille se recueillit ; son cœur battait à briser sa poitrine.

— Je vois ! je vois ! dit-elle avec une joie éclatante, oh ! cher Philippe, quel bonheur !

— Qu'y a-t-il ?

— Cher Philippe ! continua Andrée dont les yeux étincelaient de joie.

— Où est-il ?

— Il traverse à cheval une ville que je connais parfaitement.

— Laquelle?

— Nancy! Nancy! celle où j'ai été au couvent.

— Êtes-vous sûre que ce soit lui?

— Oh! oui, les flambeaux dont il est entouré éclairent son visage.

— Des flambleaux? dit Balsamo avec surprise. Pourquoi faire ces flambeaux?

— Il est à cheval! à cheval! à la portière d'un beau carrosse tout doré.

— Ah! ah! fit Balsamo, qui paraissait

comprendre, et qu'y a-t-il dans ce carrosse ?

— Une jeune femme. Oh! qu'elle est majestueuse! qu'elle est gracieuse! qu'elle est belle ! Oh! c'est étrange, il me semble l'avoir déjà vue ; non, non, je me trompais, c'est Nicole qui lui ressemble.

— Nicole ressemble à cette jeune femme, si fière, si majestueuse, si belle ?

— Oui! oui ! mais comme le jasmin ressemble au lis.

— Voyons, que se passe-t-il à Nancy en ce moment?

— La jeune femme se penche vers la

portière et fait signe à Philippe d'approcher : il obéit, il approche, il se découvre respectueusement.

— Pouvez-vous entendre ce qu'ils vont dire?

— J'écouterai, dit Andrée en arrêtant Balsamo d'un geste comme si elle eût voulu qu'aucun bruit ne détournât son attention.

— J'entends! j'entends! murmurait-elle.

— Que dit la jeune femme?

— Elle lui ordonne, avec un doux sourire, de faire presser la marche des chevaux. Elle dit qu'il faut que l'escorte soit prête le lendemain, à six heures du matin, parce qu'elle veut s'arrêter dans la journée.

— Où cela ?

—C'est ce que demande mon frère. Oh! mon Dieu! c'est à Taverney qu'elle veut s'arrêter. Elle veut voir mon père. Oh ! une si grande princesse, s'arrêter dans une si pauvre maison... Comment ferons-nous, sans argenterie, presque sans linge?

— Rassurez-vous. Nous pourvoirons à cela.

— Ah! merci! merci!

Et la jeune fille, qui s'était soulevée à demi, retomba épuisée sur son fauteuil en poussant un profond soupir.

Aussitôt, Balsamo s'approcha d'elle, et, changeant par des passes magnétiques la direction des courants d'électricité, il rendit la tranquillité du sommeil à ce beau corps qui penchait brisé, à cette tête alourdie qui retombait sur sa poitrine haletante.

Andrée sembla rentrer alors dans un repos complet et réparateur.

— Reprends des forces, lui dit Balsamo en la regardant avec une sombre extase ;

tout à l'heure, j'aurai encore besoin de toute ta lucidité.

— O science! continua-t-il avec le caractère de la plus croyante exaltation, toi seule ne trompes pas! c'est donc à toi seule que l'homme doit tout sacrifier. Cette femme est bien belle, ô mon Dieu! Cet ange est bien pur! et tu le sais, toi qui crées les anges et les femmes! Mais, pour moi, que vaut en ce moment la beauté? que vaut l'innocence? Un simple renseignement que la beauté et l'innocence seules me peuvent donner. Meure la créature, si belle, si pure, si parfaite qu'elle soit, pourvu que sa bouche parle! Meurent les délices du monde entier, amour, passion, extase, pourvu que je puisse toujours marcher d'un pas sûr et éclairé! Et maintenant, jeune fille, maintenant que, par le pouvoir de ma volonté, quelques secondes de sommeil t'ont rendu autant de forces que si tu venais de dormir vingt ans, maintenant réveille-toi, ou plutôt replonge-toi dans ton clairvoyant sommeil. J'ai encore besoin que tu parles ; cette fois seulement tu vas parler pour moi.

Et Balsamo, étendant de nouveau les mains vers Andrée, força la jeune fille de se redresser sous un souffle tout-puissant.

Puis, lorsqu'il la vit préparée et soumise, il tira de son portefeuille un papier plié en quatre, dans lequel était renfermée une boucle de cheveux d'un noir chaud comme la résine. Les parfums dont elle était imprégnée avaient rendu le papier diaphane.

Balsamo mit la boucle de cheveux dans la main d'Andrée.

— Voyez, commanda-t-il.

— Oh! encore, dit la jeune fille avec angoisse. Oh! non, non; laissez-moi tranquille; je souffre trop. — Oh! mon Dieu !

mon Dieu! tout à l'heure je me sentais si bien!

— Voyez, répondit Balsamo en posant impitoyablement le bout de la verge d'acier sur la poitrine de la jeune fille.

Andrée se tordit les mains; elle essaya de se soustraire à la tyrannie de l'expérimentateur. L'écume vint à ses lèvres, comme autrefois à celles de la pythie assise sur le trépied sacré.

— Oh! je vois, je vois, cria-t-elle avec le désespoir de la volonté vaincue.

— Que voyez-vous?

— Une femme.

— Ah! murmura Balsamo avec une joie sauvage, la science n'est donc pas un vain mot, comme la vertu! Mesmer a vaincu Brutus. Voyons, dépeignez-moi cette femme, afin que je sache si vous avez bien vu.

— Brune, grande, des yeux bleus, des cheveux noirs, des bras nerveux.

— Que fait-elle?

— Elle court, elle vole, elle semble emportée par un cheval magnifique, couvert de sueur.

— De quel côté va-t-elle ?

— Par là, par là, dit la jeune fille en montrant l'ouest.

— Sur la route ?

— Oui.

— De Châlons ?

— Oui.

— C'est bien, fit Balsamo ; elle suit la route que je vais suivre. Elle va à Paris comme j'y vais ; c'est bien ; je la retrouverai à Paris. Reposez-vous maintenant, dit-il à Andrée en lui reprenant la boucle qu'elle n'avait point lâchée.

Les bras d'Andrée retombèrent immobiles le long de son corps.

— Maintenant, dit Balsamo, retournez au clavecin.

Andrée fit un pas vers la porte ; mais ses jambes, brisées par une inexprimable fatigue, refusèrent de la porter : elle chancela.

— Reprenez de la force et continuez, reprit Balsamo en l'enveloppant d'une nouvelle émission de fluide.

Andrée imita le généreux coursier qui se roidit pour accomplir la volonté de son maître, cette volonté fût-elle injuste.

Elle marcha.

Balsamo rouvrit sa porte, et Andrée, toujours endormie, descendit lentement l'escalier.

IV

Nicole Legay.

Gilbert avait passé tout le temps que dura l'interrogatoire de Balsamo dans des angoisses inexprimables.

Tapi sous la cage de l'escalier, parce qu'il n'osait plus monter jusqu'à la porte, pour écouter ce qui se disait dans la chambre rouge, il a fini par entrer dans un désespoir dont un éclat, grâce aux élans d'un caractère comme celui de Gilbert, devait, sans aucun doute, faire le dénouement.

Ce désespoir s'augmentait du sentiment de sa faiblesse et de son infériorité. Balsamo n'était qu'un homme. Car Gilbert, esprit fort, philosophe en herbe, croyait peu aux sorciers. Mais cet homme était fort, Gilbert était faible ; cet homme était brave, Gilbert ne l'était pas encore. Vingt fois Gilbert se souleva pour remonter l'escalier avec l'intention, le cas échéant, de tenir tête au baron. Vingt fois ses jambes tremblantes fléchirent sous lui et il retomba sur ses genoux.

Une idée lui vint alors, c'était d'aller chercher une échelle dont La Brie, qui était tout à la fois cuisinier, valet de chambre et jardinier, se servait pour palisser les jasmins et les chèvrefeuilles de la muraille. En l'appliquant contre la galerie de l'escalier et parvenu là, il ne perdrait pas un des bruits révélateurs qu'il désirait si ardemment surprendre.

Il gagna donc l'antichambre, puis la cour, et courut à l'endroit où il savait trouver l'échelle, couchée au pied de la muraille. Mais, comme il se baissait pour la ramasser, il lui sembla entendre quelque froissement du côté de la maison ; il se retourna.

Alors son œil dilaté dans l'obscurité crut voir passer à travers le cadre noir de la porte ouverte une forme humaine, mais si rapide, si muette, qu'elle semblait plutôt appartenir à un spectre qu'à un être vivant.

Il laissa retomber l'échelle et s'avança, le cœur palpitant, vers le château.

Certaines imaginations sont nécessairement superstitieuses ; ce sont d'ordinaire les plus riches et les plus exaltées ; elles admettent moins volontiers la raison que la fable ; elles trouvent le naturel trop vulgaire, entraînées qu'elles sont par leurs instincts vers l'impossible, ou tout au moins vers l'idéalité. C'est pour cela qu'elles raffolent d'un beau bois sombre, parce que les voûtes ténébreuses doivent être peuplées de fantômes ou de génies. Les anciens, qui furent de si grands poëtes, rêvaient de ces choses-là, en plein jour. Seulement, comme leur soleil à eux, foyer de lumière ardente dont nous n'avons pour ainsi dire que le reflet, — comme leur soleil, disons-nous, bannit l'idée des larves et des fantômes, ils avaient imaginé les riantes Dryades et les Oréades légères.

Gilbert, enfant d'un pays nuageux où les idées sont plus lugubres, crut voir passer une vision. Cette fois, malgré son incrédulité, ce que lui avait dit en fuyant la femme de Balsamo lui revint à l'esprit ; le sorcier ne pouvait-il pas avoir évoqué quelque fantôme, lui qui avait le pouvoir d'entraîner au mal l'ange lui-même de la pureté ?

Cependant, Gilbert avait toujours un second mouvement pire que le premier : celui de la réflexion. Il appela à son secours tous les arguments des esprits forts contre les spectres, et l'article *revenant* du *Dictionnaire philosophique* lui rendit un certain courage en lui donnant une peur plus grande, mais plus fondée.

S'il avait effectivement vu quelqu'un, ce devait être une personne bien vivante, et surtout bien intéressée à venir ainsi guetter.

Sa frayeur lui indiqua M. de Taverney, sa conscience lui souffla un autre nom.

Il regarda au deuxième étage du pavillon. Nous l'avons dit, la lumière de Nicole était éteinte, et ses vitres ne trahissaient aucune lumière.

Pas un souffle, pas un bruit, pas une lueur par toute la maison, excepté dans la chambre de l'étranger. Il regarda, il écouta, puis, ne voyant plus rien, n'entendant plus rien, il reprit son échelle, bien convaincu cette fois qu'il avait eu les yeux troublés comme un homme dont le cœur bat trop vite, et que cette vision était une intermittence de la faculté voyante, comme on peut dire techniquement, plutôt qu'un résultat de l'exercice de ses facultés.

Comme il venait de placer son échelle et qu'il posait le pied sur le premier échelon, la porte de Balsamo s'ouvrit et se referma, laissant passer Andrée, qui descendit sans lumière et sans bruit, comme si une puissance surnaturelle la guidait et la soutenait.

Andrée arriva de la sorte sur le palier de l'escalier, passa près de Gilbert, qu'elle effleura de sa robe dans l'ombre où il était plongé et continua son chemin.

M. de Taverney endormi, La Brie couché, Nicole dans l'autre pavillon, la porte de Balsamo fermée garantissaient le jeune homme contre toute surprise.

Il fit sur lui-même un effort violent et suivit Andrée, emboîtant son pas sur le sien.

Andrée traversa l'antichambre et entra dans le salon.

Gilbert la suivait le cœur déchiré. Cependant, quoique la porte fût restée ouverte, il s'arrêta. Andrée alla s'asseoir sur le tabouret placé près du clavecin, sur lequel la bougie brûlait toujours.

Gilbert se déchirait la poitrine avec ses ongles crispés. C'était à cette même place qu'une demi-heure auparavant il avait baisé la robe et la main de cette femme sans qu'elle se fâchât; c'était là qu'il avait espéré, qu'il avait été heureux ! Sans doute, l'indulgence de la jeune fille venait d'une de ces corruptions profondes, telles que Gilbert en avait trouvé dans les romans qui faisaient le fond de la bibliothèque du baron, ou d'une de ces trahisons des sens comme il en avait vu analyser dans certains traités physiologiques.

— Eh bien ! murmurait-il flottant de l'une à l'autre de ces idées, s'il en est ainsi, moi, comme les autres, je bénéficierai de cette corruption, ou je mettrai à profit cette surprise des sens. Et puisque l'ange jette au vent sa robe de candeur, à moi quelques lambeaux de sa chasteté !

La résolution de Gilbert était prise cette fois, il s'élança vers le salon.

Mais, comme il allait en franchir le seuil, une main sortit de l'ombre, et le saisit énergiquement par le bras.

Gilbert se retourna épouvanté, et il lui sembla que son cœur se dérangeait dans sa poitrine.

— Ah ! je t'y prends cette fois, impudent ! lui glissa dans l'oreille une voix irritée ; essaye encore de nier que tu aies des rendez-vous avec elle, essaye de nier que tu l'aimes...

Gilbert n'eut même pas la force de secouer son bras pour l'arracher à l'étreinte qui le retenait.

Cependant l'étreinte n'était pas telle qu'il ne pût la rompre. L'étau était tout simplement le poignet d'une jeune fille.

C'était enfin Nicole Legay qui retenait Gilbert prisonnier.

— Voyons, que voulez-vous encore? demanda-t-il tout bas avec impatience.

— Ah! tu veux que je parle haut à ce qu'il paraît? articula Nicole avec toute la plénitude de sa voix.

— Non, non, je veux que tu te taises, au contraire, répondit Gilbert, les dents serrées et entraînant Nicole dans l'antichambre.

— Eh bien! suis-moi, alors.

C'était ce que demandait Gilbert, car, en suivant Nicole, il s'éloignait d'Andrée.

— Soit, je vous suis, dit-il.

Il marcha effectivement derrière Nicole, laquelle l'emmena dans le parterre, en tirant la porte derrière elle.

— Mais, dit Gilbert, mademoiselle va rentrer dans sa chambre, elle va vous appeler pour l'aider à se mettre au lit, et vous ne serez point là.

— Si vous croyez que c'est cela qui m'occupe en ce moment-ci, en vérité vous vous trompez fort. Que m'importe qu'elle m'appelle ou ne m'appelle point ! Il faut que je vous parle.

— Vous pourriez, Nicole, remettre à

demain ce que vous avez à me dire ; mademoiselle est sévère, vous le savez.

— Ah ! oui, je le lui conseille d'être sévère, et avec moi, surtout !

— Nicole, demain, je vous promets.....

—Tu promets ! Elles sont belles tes promesses, et l'on peut compter dessus. Ne m'avais-tu pas promis de m'attendre aujourd'hui, à six heures, du côté de Maison-Rouge ? Où étais-tu à cette heure-là ? Du côté opposé, puisque c'est toi qui as ramené le voyageur. Tes promesses, j'en fais autant de cas maintenant que de celles du directeur du couvent des Annonciades, lequel avait fait serment de garder le secret de la confession, et s'en allait rapporter tous nos péchés à la supérieure.

— Nicole, songez que l'on vous renverra si l'on s'aperçoit...

— Et vous, l'on ne vous renverra pas, vous, l'amoureux de mademoiselle ; non, M. le baron se gênera pour cela !

— Moi, dit Gilbert, essayant de se défendre, il n'y a aucun motif pour qu'on me renvoie.

— Vraiment ! vous aurait-il autorisé à faire la cour à sa fille ? Je ne le savais pas si philosophe que cela.

Gilbert pouvait d'un mot prouver à Nicole que, s'il était coupable, il n'y avait pas au moins de complicité de la part d'Andrée. Il n'avait qu'à lui raconter ce qu'il avait vu, et, tout incroyable qu'était la chose, Nicole, grâce à cette bonne opinion que les femmes ont les unes des autres, l'eût sans doute cru. Mais une idée plus profonde arrêta le jeune homme au moment de la révélation. Le secret d'Andrée était de ceux qui enrichissent un homme, soit que cet homme désire les trésors de l'amour, soit qu'il désire d'autres trésors plus matériels et plus positifs.

Les trésors que désirait Gilbert étaient

des trésors d'amour. Il calcula que la colère de Nicole était moins dangereuse que n'était désirable la possession d'Andrée. Il fit à l'instant même son choix, et garda le silence sur la singulière aventure de la nuit.

— Voyons, puisque vous le voulez absolument, expliquons-nous, dit-il.

— Oh ! ce sera vite fait, s'écria Nicole, dont le caractère, absolument contraire à celui de Gilbert, ne la laissait maîtresse d'aucune de ses sensations ; mais tu as raison, nous sommes mal dans ce parterre ; allons dans ma chambre.

— Dans votre chambre ! s'écria Gilbert effrayé; impossible.

— Pourquoi cela?

— C'est nous exposer à être surpris.

— Allons donc! répliqua Nicole avec un sourire de dédain, qui nous surprendrait? Mademoiselle? En effet, elle doit être jalouse de ce beau monsieur. Malheureusement pour elle, les gens dont on sait le secret ne sont point à craindre. Ah! mademoiselle Andrée jalouse de Nicole! Je n'aurais jamais cru à cet honneur-là.

Et un rire forcé, terrible comme le grondement de la tempête, vint effrayer Gilbert beaucoup plus que ne l'eût fait une invective ou une menace.

— Ce n'est point de mademoiselle que j'ai peur, Nicole, j'ai peur pour vous.

— Ah! oui, c'est vrai, vous m'avez toujours dit que là où il n'y avait pas de scandale, il n'y avait pas de mal. Les philosophes sont jésuites quelquefois ; du reste, le directeur des Annonciades disait cela comme vous, et me l'avait dit avant vous ; c'est pour cela que vous donnez vos rendez-vous à mademoiselle pendant la nuit. Allons! allons! assez de mauvaises raisons comme cela... venez dans ma chambre, je le veux.

— Nicole! dit Gilbert en grinçant des dents.

— Eh bien ! fit la jeune fille, après ?...

— Prends garde !

Et il fit un geste menaçant.

— Oh ! je n'ai pas peur, vous m'avez déjà battue une fois, mais parce que vous étiez jaloux. Vous m'aimiez dans ce temps-là. C'était huit jours après notre beau jour de miel, et je me suis laissé battre. Mais je ne me laisserai pas faire aujourd'hui. Non ! non ! non ! car vous ne m'aimez plus, et c'est moi qui suis jalouse.

— Et que feras-tu? dit Gilbert en saisissant le poignet de la jeune fille.

— Oh ! je crierai tant, que mademoiselle vous demandera de quel droit vous donnez à Nicole ce que vous ne devez qu'à elle en ce moment. Lâchez-moi donc, je vous le conseille.

Gilbert lâcha la main de Nicole.

Puis, prenant son échelle et la traînant avec précaution, il alla l'appliquer en dehors du pavillon, de façon à ce qu'elle atteignît presque la fenêtre de Nicole.

— Voyez ce que c'est que la destinée, dit celle-ci; l'échelle qui devait probablement servir à escalader la chambre de mademoiselle, servira tout bonnement à descendre de la mansarde de Nicole Legay. C'est flatteur pour moi.

Nicole se sentait la plus forte, en conséquence elle se hâtait de triompher avec cette précipitation des femmes qui, à moins que d'être réellement supérieures dans le bien ou dans le mal, payent toujours cher cette première victoire trop vite proclamée.

Gilbert avait senti la fausseté de sa position : en conséquence, il suivait la jeune fille en rassemblant toutes ses facultés pour la lutte qu'il pressentait.

Et d'abord, en homme de précaution, il s'assura de deux choses.

La première, en passant devant la fenêtre, c'est que mademoiselle de Taverney était toujours au salon.

La seconde, en arrivant chez Nicole, c'est qu'on pouvait, sans trop risquer de se casser le cou, atteindre le premier échelon et de là se laisser glisser jusqu'à terre.

Comme simplicité, la chambre de Nicole ne différait pas du reste de l'habitation.

C'était un grenier dont la muraille avait disparu sous un papier gris à dessins verts. Un lit de sangle et un grand géranium placé près de la lucarne meublaient la chambre. En outre, Andrée avait prêté à Nicole un énorme carton qui lui servait à la fois de commode et de table.

Nicole s'assit sur le bord du lit, Gilbert sur l'angle du carton.

Nicole s'était calmée en montant l'escalier. Maîtresse d'elle-même, elle se sentait forte. Gilbert, au contraire, tout tremblant encore des secousses antérieures, ne pouvait parvenir à reprendre son sang-froid, et sentait la colère monter en lui, à mesure que, par la force de sa volonté, elle semblait s'éteindre chez la jeune fille.

Il se fit un instant de silence pendant lequel Nicole couvrit Gilbert d'un œil ardent et irrité.

— Ainsi, dit-elle, vous aimez mademoiselle, et vous me trompez ?

— Qui vous dit que j'aime mademoiselle ? fit Gilbert.

— Dam ! vous avez des rendez-vous avec elle.

— Qui vous dit que c'est avec elle que j'ai eu un rendez-vous ?

— A qui donc aviez-vous à faire dans le pavillon ? Au sorcier ?

— Peut-être ! vous savez que j'ai de l'ambition.

— Dites de l'envie.

— C'est le même mot interprété en bonne et en mauvaise part.

— Ne faisons pas d'une discussion de choses une discussion de mots. Vous ne m'aimez plus, n'est-ce pas?

— Si fait, je vous aime toujours.

— Alors pourquoi vous éloignez-vous de moi?

— Parce que, lorsque que vous me rencontrez, vous me cherchez querelle.

— Justement je vous cherche querelle parce que nous ne faisons plus que nous rencontrer.

— J'ai toujours été sauvage et cherchant la solitude, vous le savez.

— Oui, et l'on monte chez la solitude avec une échelle... Pardon, je ne savais pas cela.

Gilbert était battu sur ce premier point.

— Allons, allons, soyez franc, si cela vous est possible, Gilbert, et avouez que vous ne m'aimez plus, ou que vous nous aimez à deux?

— Eh bien! si cela était, fit Gilbert que diriez-vous?

— Je dirais que c'est une monstruosité.

— Non pas, mais une erreur.

— De votre cœur?

— De notre société. Il y a des peuples où chaque homme, vous le savez, a jusqu'à sept ou huit femmes.

— Ce ne sont pas des chrétiens, répondit Nicole avec impatience.

— Ce sont des philosophes, répondit superbement Gilbert.

— Oh! monsieur le philosophe, ainsi vous trouveriez bon que je fisse comme vous, que je prisse un second amant?

— Je ne voudrais pas être injuste et tyrannique envers vous, je ne voudrais pas comprimer les mouvements de votre cœur...

la sainte liberté consiste surtout à respecter le libre arbitre... Changez d'amour, Nicole, je ne saurais vous contraindre à une fidélité qui, selon moi, n'est pas dans la nature.

— Ah ! s'écria Nicole, vous voyez bien que vous ne m'aimez pas.

La discussion était le fort de Gilbert, non pas que son esprit fût précisément logique, mais il était paradoxal. Puis, si peu qu'il sût, il en savait toujours plus que Nicole... Nicole n'avait lu que ce qui lui paraissait amusant ; Gilbert avait lu non-seulement ce qui lui paraissait amusant, mais encore ce qui lui avait paru utile.

Gilbert commençait donc, en discutant, à regagner le sang-froid que perdait Nicole.

— Avez-vous de la mémoire, monsieur le philosophe? demanda Nicole avec un sourire ironique.

— Quelquefois, répondit Gilbert.

— Vous rappelez-vous ce que vous m'avez dit lorsque j'arrivai des Annonciades avec mademoiselle, il y a cinq mois?

— Non, mais rappelez-le-moi.

— Vous m'avez dit : Je suis pauvre. C'était le jour où nous lisions ensemble

Tanzaï, sous une des voûtes du vieux château écroulé.

— Bien, continuez.

— Vous trembliez très-fort, ce jour-là.

— C'est possible, je suis d'un naturel timide, mais je fais ce que je puis pour me corriger de ce défaut-là comme des autres.

— De sorte que, lorsque vous vous serez corrigé de tous vos défauts, dit en riant Nicole, vous serez parfait.

— Je serai fort, du moins, car c'est la sagesse qui fait la force.

— Où avez-vous lu cela, s'il vous plaît?

— Que vous importe? Revenez à ce que je vous disais sous la voûte.

Nicole sentait qu'elle perdait de plus en plus son terrain.

— Eh bien! vous me disiez : Je suis pauvre, Nicole, personne ne m'aime, on ne sait pas que j'ai quelque chose là ; et vous frappiez votre cœur.

— Vous vous trompez, Nicole ; si je frappais quelque chose en vous disant cela, ce ne devait pas être mon cœur, mais ma tête. Le cœur n'est qu'une pompe foulante destinée à pousser le sang aux extrémités.

Lisez le *Dictionnaire philosophique* article *Cœur*.

Et Gilbert se redressa avec suffisance. Humilié devant Balsamo, il se faisait superbe devant Nicole.

— Vous avez raison, Gilbert, et ce devait être effectivement votre tête que vous frappiez. Vous disiez donc en frappant votre tête : On me traite ici comme un chien de basse-cour, et encore Mahon est plus heureux que moi. Je vous répondis alors qu'on avait tort de ne pas vous aimer, et que, si vous aviez été mon frère, je vous eusse aimé, moi. Il me semble que c'est avec mon cœur et non avec ma tête que je vous ai répondu cela. Mais peut-être me trompé-je, je n'ai pas lu le *Dictionnaire philosophique.*

— Vous avez eu tort, Nicole.

— Vous me prîtes alors dans vos bras, vous êtes orpheline, Nicole, me dites-vous ; moi aussi, je suis orphelin ; notre misère et notre abjection nous font plus que frères ; aimons-nous donc, Nicole, comme si nous l'étions réellement. D'ailleurs, si nous l'étions réellement, la société nous défendrait de nous aimer comme je veux que tu m'aimes. Alors vous m'avez embrassée.

— C'est possible.

— Vous pensiez donc ce que vous disiez ?

— Sans doute. On pense presque toujours ce que l'on dit dans le moment où on le dit.

— De sorte qu'aujourd'hui...

— Aujourd'hui, j'ai cinq mois de plus; j'ai appris des choses que j'ignorais; j'en devine que je ne sais pas encore. Aujourd'hui je pense autrement.

— Vous êtes donc faux, menteur, hypocrite? s'écria Nicole en s'emportant.

— Pas plus que ne l'est un voyageur à qui on demande au fond d'une vallée ce qu'il pense du paysage, et à qui l'on fait la même question lorsqu'il est parvenu au haut de la montagne qui lui fermait son horizon. J'embrasse un plus grand paysage, voilà tout.

— De sorte que vous ne m'épouserez pas ?

— Je ne vous ai jamais dit que je vous épouserais, répondit Gilbert avec mépris.

— Eh bien ! eh bien ! s'écria la jeune fille exaspérée, il me semble que Nicole Legay vaut bien Sébastien Gilbert !

— Tous les hommes se valent, dit Gilbert; seulement, la nature ou l'éducation ont mis en eux des valeurs diverses et des facultés différentes; selon que ces valeurs ou ces facultés se développent plus ou moins, ils s'éloignent les uns des autres.

— De sorte qu'ayant des facultés et des valeurs plus développées que les miennes, vous vous éloignez de moi.

— Naturellement; vous ne raisonnez pas encore, Nicole, mais vous comprenez déjà.

— Oui, oui ! s'écria Nicole exaspérée, oui, je comprends.

— Que comprenez-vous ?

— Je comprends que vous êtes un malhonnête homme.

— C'est possible. Beaucoup naissent avec des instincts mauvais, mais la volonté est là pour les corriger. M. Rousseau, lui aussi, était né avec des instincts mauvais; il s'est corrigé cependant. Je ferai comme M. Rousseau.

— Oh! mon Dieu, mon Dieu! dit Nicole, comment ai-je pu aimer un pareil homme?

— Aussi, vous ne m'avez pas aimé, Nicole, reprit froidement Gilbert; je vous ai plu, voilà tout. Vous sortiez de Nancy, où vous n'aviez vu que des séminaristes qui vous faisaient rire, ou des militaires qui vous faisaient peur. Nous étions jeunes tous les deux, innocents tous les deux, désireux tous les deux de cesser de l'être. La nature parlait en nous avec sa voix irrésistible. Il y a quelque chose qui s'allume dans nos veines alors que nous désirons; une inquiétude, dont on cherche la guérison dans des livres, qui vous rendent plus inquiets encore. C'est en lisant ensemble un de ces livres, vous vous le rappelez, Nicole, non pas que vous avez cédé, car je ne vous demandais rien, car vous ne me refusiez rien, mais que nous avons trouvé le mot d'un secret inconnu. Pendant un mois ou deux, ce mot a été : bonheur ! Pendant un mois ou deux, nous avons vécu au lieu de végéter. Cela veut-il dire, parce que nous avons été deux mois heureux l'un par l'autre, que nous devions être l'un par l'autre éternellement malheureux? Allons donc, Nicole, si l'on prenait un pareil engagement en donnant et recevant le bonheur, on renoncerait à son libre arbitre, et ce serait absurde.

— Est-ce de la philosophie que vous me faites là? dit Nicole.

— Je le crois, répondit Gilbert.

— Alors, il n'y a donc rien de sacré pour les philosophes?

— Si fait, il y a la raison.

— De sorte que moi, qui voulais rester honnête fille...

— Pardon, mais il est déjà trop tard pour cela.

Nicole pâlit et rougit comme si une roue faisait faire à chaque goutte de son sang le tour de son corps.

— Honnête quant à vous, dit-elle. On est toujours honnête femme, avez-vous dit pour me consoler, quand on est fidèle à celui que le cœur a choisi. — Vous vous rappelez cette théorie sur les mariages.

— J'ai dit les unions, Nicole, attendu que je ne me marierai jamais.

— Vous ne vous marierez jamais ?

— Non. Je veux être un savant et un philosophe. Or, la science ordonne l'isolement de l'esprit, et la philosophie celle du corps.

— Monsieur Gilbert, dit Nicole, vous êtes un misérable, et je crois que je vaux encore mieux que vous.

— Résumons, dit Gilbert en se levant, car nous perdons notre temps, vous à me dire des injures, moi à les écouter. Vous m'avez aimé parce que cela vous a plu, n'est-ce pas ?

— Sans doute.

— Eh bien! ce n'est pas une raison de me rendre malheureux, moi, parce que vous avez fait, vous, une chose qui vous a plu.

— Le sot, dit Nicole, qui me croit pervertie, et qui fait semblant de ne pas me craindre!

— Vous craindre, vous, Nicole! Allons donc! Que pouvez-vous contre moi? La jalousie vous égare.

— La jalousie, moi jalouse! dit avec un rire fiévreux la jeune fille; ah! vous vous trompez fort si vous me croyez jalouse. Et de quoi serais-je jalouse, je vous prie?

Est-il dans tout le canton une plus jolie fille que moi? Si j'avais les mains blanches de mademoiselle, et je les aurai le jour où je ne travaillerai plus, ne vaudrais-je pas mademoiselle? Mes cheveux, regardez mes cheveux — et la jeune fille dénoua le ruban qui les retenait, — mes cheveux peuvent m'envelopper des pieds à la tête comme un manteau. Je suis grande, je suis bien faite. — Et Nicole emprisonna sa taille dans ses deux mains. — J'ai des dents qui ressemblent à des perles. — Et elle regarda ses dents dans un petit miroir accroché à son chevet. — Quand je veux sourire à quelqu'un et le regarder d'une certaine façon, je vois ce quelqu'un rougir, frissonner, se tordre sous mon regard. Vous êtes mon premier amant, c'est vrai ; mais vous n'êtes pas le premier homme avec lequel j'aie été coquette. Tiens, Gilbert, continua la jeune fille plus menaçante avec son rire saccadé qu'elle ne l'était avec ses menaces véhémentes, tu ris. Crois-moi, ne me force pas à te faire la guerre ; ne me fais pas sortir tout à fait de l'étroit sentier où me retient encore je ne sais quel vague souvenir des conseils de ma mère, je ne sais quelle monotone prescription de mes prières d'enfant. Si une fois je me jette hors de la pudeur, prends garde à toi, Gilbert ; car tu auras non-seulement à te reprocher les malheurs qui en résulteront pour toi, mais encore ceux qui en résulteront pour les autres.

— A la bonne heure, dit Gilbert, vous voilà parvenue à une certaine hauteur, Nicole, et je suis convaincu d'une chose.

— De laquelle?

— C'est que si je consentais à vous épouser maintenant...

— Eh bien?

— Eh bien! c'est vous qui refuseriez.

Nicole réfléchit; puis, les mains crispées, les dents grinçantes :

— Je crois que tu as raison, Gilbert,

dit-elle ; je crois que, moi aussi, je commence à gravir cette montagne dont tu me parlais ; je crois que, moi aussi, je vois s'élargir mon horizon ; je crois que, moi aussi, je suis destinée à devenir quelque chose ; et c'est vraiment trop peu que de devenir la femme d'un savant ou d'un philosophe. Maintenant, regagnez votre échelle, Gilbert, et tâchez de ne point vous casser le cou, quoique je commence à croire que ce serait un grand bonheur pour les autres, et peut-être même pour vous.

Et la jeune fille, tournant le dos à Gilbert, commença de se déshabiller comme s'il n'était point là.

Gilbert demeura un instant immobile, indécis, hésitant, car, excitée ainsi par la poésie de la colère et la flamme de la jalousie, Nicole était une ravissante créature. Mais il y avait un dessein bien arrêté dans le cœur de Gilbert, c'était de rompre avec Nicole : — Nicole pouvait nuire à la fois à ses amours et à ses ambitions. Il résista.

Au bout de quelques secondes, Nicole, n'entendant plus aucun bruit derrière elle, se retourna, la chambre était vide.

— Parti ! murmura-t-elle, parti !

Elle alla vers la fenêtre, tout était obscur, la lumière était éteinte.

— Et mademoiselle ! dit Nicole.

La jeune fille alors descendit l'escalier sur la pointe du pied, s'approcha de la porte de la chambre de sa maîtresse et écouta.

— Bon, dit-elle, elle s'est couchée seule et elle dort.— A demain. — Oh! je saurai bien si elle l'aime, elle!

V

Chambrière et Maîtresse.

L'état dans lequel Nicole était rentrée chez elle n'était point le calme qu'elle affectait. La jeune fille, de toute cette rouerie dont elle avait voulu faire preuve, de toute cette fermeté dont elle croyait avoir fait parade, la jeune fille ne possédait réellement qu'une dose de fanfaronnade suffisante pour la rendre dangereuse et la faire paraître corrompue. Nicole était une imagination naturellement déréglée, un esprit corrompu par de mauvaises lectures. La combinaison de cet esprit et de cette imagination donnait l'essor à des sens brûlants; mais ce n'était point une âme sèche; et si son amour propre, tout-puissant sur elle, parvenait parfois à arrêter les larmes dans ses yeux, ces larmes, repoussées violemment, retombaient sur son cœur, corrosives comme des gouttes de plomb fondu.

Une seule démonstration avait été chez elle significative et réelle. C'était le sourire plein de mépris avec lequel elle avait accueilli les premières insultes de Gilbert : ce sourire trahissait toutes les blessures de son cœur! Certes, Nicole était une fille sans vertus, sans principes; mais elle avait attaché quelque prix à sa défaite, et lorsqu'elle s'était donnée, comme elle s'était donnée tout entière, elle avait cru faire un présent. L'indifférence et la fatuité de Gilbert l'avilissaient à ses propres yeux. Elle venait d'être rudement châtiée de sa faute et elle avait cruellement senti la douleur de cette punition, mais elle se releva sous le fouet, et se jura à elle-même qu'elle rendrait à Gilbert sinon tout le mal, du moins partie du mal qu'il lui avait fait.

Jeune, vigoureuse, pleine de séve rustique, douée de cette faculté d'oublier, si précieuse pour quiconque n'aspire qu'à commander à ceux qui l'aiment, Nicole put dormir après avoir concerté son petit plan de vengeance avec tous les démons qui lui faisaient l'honneur d'habiter son petit cœur de dix-sept ans.

Au reste, mademoiselle de Taverney lui paraissait aussi et même plus coupable que Gilbert. Une fille de noblesse, toute roide de préjugés, toute bouffie d'orgueil, qui, au couvent de Nancy, donnait de la troisième personne aux princesses, le vous aux duchesses, le toi aux marquises, et rien au-dessous; une statue froide en apparence, mais sensible sous son écorce de marbre; cette statue lui paraissait ridicule et mesquine, lorsqu'elle se faisait femme pour un Pygmalion de village, comme Gilbert.

Car il faut le dire, Nicole avec ce sens exquis dont la nature a doué les femmes, Nicole se sentait inférieure en esprit seulement à Gilbert, mais supérieure pour le reste. Sans cette suprématie de l'esprit, que son amant avait acquise sur elle par cinq ou six ans de lecture, elle dérogeait elle, la chambrière d'un baron ruiné, en se donnant à un paysan.

Que faisait donc sa maîtresse, si sa maîtresse s'était réellement donnée à Gilbert?

Nicole réfléchit que raconter ce qu'elle avait cru voir, mais ce qu'elle se figurait avoir vu en réalité, à M. de Taverney, ce serait une faute énorme. D'abord à cause du caractère de M. de Taverney, qui en rirait après avoir souffleté et chassé Gilbert ; puis à cause du caractère de Gilbert qui trouverait la vengeance mesquine et méprisable.

Mais faire souffrir Gilbert dans Andrée, prendre un droit sur tous deux, les voir pâlir ou rougir sous son regard de chambrière, devenir maîtresse absolue et faire regretter peut-être à Gilbert le temps où la main qu'il baisait n'était dure qu'à la surface ; voilà ce qui flatta son imagination et caressa son orgueil ; voilà ce qui lui parut réellement avantageux ; voilà ce à quoi elle s'arrêta.

Puis elle s'endormit.

Il faisait jour lorsqu'elle se réveilla, fraîche, légère, l'esprit dispos. Elle donna le temps ordinaire à sa toilette, c'est-à-dire une heure ; car, pour démêler ses longs cheveux seulement, une main moins habile ou plus scrupuleuse que la sienne, eût absorbé le double de temps ; Nicole regarda ses yeux dans ce triangle de verre étamé dont nous avons parlé tout à l'heure et qui lui servait de miroir ; ses yeux lui parurent plus beaux que jamais. Elle continua l'examen et passa de ses yeux à sa bouche ; ses lèvres n'avaient point pâli et s'arrondissaient comme une cerise, sous l'ombre d'un nez fin et légèrement retroussé ; son col, qu'elle avait le plus grand soin de dérober aux baisers du soleil était d'une blancheur de lys, et rien ne pouvait se présenter de plus riche que sa poitrine et de plus insolemment cambré que sa taille.

Se voyant si belle, Nicole pensa qu'elle pourrait facilement inspirer de la jalousie à Andrée. Elle n'était point entièrement corrompue, comme on le voit, puisqu'elle ne songea point à un caprice ou à une fantaisie, et que cette idée lui vint que mademoiselle de Taverney pouvait aimer Gilbert.

Ainsi armée au physique et au moral, Nicole ouvrit la porte de la chambre d'Andrée, comme elle était autorisée à le faire par sa maîtresse, quand à sept heures celle-ci n'était point levée.

A peine entrée dans la chambre, Nicole s'arrêta.

Andrée, pâle et le front couvert d'une sueur dans laquelle nageaient ses beaux cheveux, était étendue sur son lit, respirant avec peine, et se tordant parfois dans son lourd sommeil avec une sombre expression de douleur.

Ses draps roulés et froissés sous elle, n'avaient point recouvert son corps à demi vêtu, et dans un désordre qui révélait ses agitations, elle appuyait une de ses joues sur son bras, et serrait son autre main sur sa poitrine marbrée.

De temps en temps sa respiration, suspendue par intervalles, s'échappait comme un râle de douleur, et elle poussait un gémissement inarticulé.

Nicole la considéra un moment en silence, et secoua la tête, car elle se rendait justice, et elle comprenait qu'il n'y avait pas de beauté qui pût lutter avec la beauté d'Andrée.

Puis elle alla vers la fenêtre et ouvrit le contrevent.

Un flot de lumière envahit aussitôt la chambre, et fit trembler les paupières violacées de mademoiselle de Taverney.

Elle s'éveilla, et, voulant se soulever, elle sentit une lassitude si grande et en même temps une douleur si aiguë, qu'elle retomba sur son oreiller en poussant un cri.

— Eh! mon Dieu! dit Nicole, qu'avez-vous donc, mademoiselle?

— Est-ce qu'il est tard? demanda Andrée en se frottant les yeux.

— Très-tard; mademoiselle est restée au lit une heure de plus que d'habitude, ce matin.

— Je ne sais ce que j'ai, Nicole, dit Andrée en regardant autour d'elle pour s'assurer où elle était. Je me sens comme une courbature. J'ai la poitrine brisée.

Nicole fixa ses yeux sur elle avant que de répondre.

— C'est un commencement de rhume

que mademoiselle aura gagné cette nuit, dit-elle.

— Cette nuit? répondit Andrée avec surprise.

— Oh! fit-elle en remarquant tout le désordre de sa toilette, je ne me suis donc pas déshabillée? Comment cela se fait-il?

— Dam! fit Nicole, que mademoiselle se rappelle.

— Je ne me rappelle rien, dit Andrée prenant son front de ses deux mains : que m'est-il arrivé? suis-je folle?

Et elle se dressa sur son séant, regardant une seconde fois autour d'elle avec un visage presque égaré.

Puis, faisant un effort :

— Ah ! oui, dit-elle, je me souviens : hier, j'étais si lasse, si épuisée... c'était cet orage sans doute ; puis...

Nicole lui montra du doigt son lit froissé, mais couvert, malgré son désordre.

Elle s'arrêta; elle songeait à cet étranger qui l'avait regardée d'une si singulière façon.

— Puis ?... dit Nicole, avec l'apparence de l'intérêt, mademoiselle avait l'air de se souvenir.

— Puis, reprit Andrée, je me suis endormie sur le tabouret de mon clavecin. A partir de ce moment je ne me souviens plus de rien. Je serai remontée chez moi à moitié endormie, et je me serai jetée sur mon lit sans avoir la force de me déshabiller.

— Il fallait m'appeler, mademoiselle, dit Nicole d'un ton doucereux ; ne suis-je pas la femme de chambre de mademoiselle ?

— Je n'y aurai pas songé, ou je n'en aurai pas eu la force, dit Andrée avec une sincère candeur.

— Hypocrite ! murmura Nicole.

Puis elle ajouta :

— Mais mademoiselle est restée bien tard au clavecin alors, car, avant que mademoiselle ne fût rentrée dans sa chambre, ayant entendu du bruit en bas, je suis descendue.

Ici, Nicole s'arrêta, espérant surprendre quelque mouvement d'Andrée, un signe, une rougeur; mais elle resta calme, et l'on pouvait voir en quelque sorte jusqu'à son âme par le limpide miroir de son visage.

— Je suis descendue, répéta Nicole.

— Eh bien ! demanda Andrée.

— Eh bien ! mademoiselle n'était pas à son clavecin.

Andrée releva la tête; mais il était impossible de lire autre chose que l'étonnement dans ses beaux yeux.

— Voilà qui est étrange ! dit-elle.

— C'est comme cela.

— Tu dis que je n'étais point au salon ; je n'en ai pas bougé.

— Mademoiselle m'excusera, dit Nicole.

— Où étais-je donc alors ?

— Mademoiselle doit le savoir mieux

que moi, dit Nicole en haussant les épaules.

— Je crois que tu te trompes, Nicole, dit Andrée avec la plus grande douceur. Je n'ai point quitté mon tabouret. Il me semble seulement me rappeler avoir eu froid, avoir éprouvé des lourdeurs, une grande difficulté de marcher.

— Oh! dit Nicole en ricanant, quand j'ai vu mademoiselle elle marchait cependant bien.

— Tu m'as vue?

— Oui, sans doute.

— Cependant tout à l'heure, tu disais que je n'étais point au salon.

— C'est que ce n'est point au salon que j'ai vu mademoiselle.

— Où était-ce donc ?

— Dans le vestibule près de l'escalier.

— Moi ! fit Andrée.

— Mademoiselle elle-même ; je connais bien mademoiselle, peut-être, fit Nicole, avec un rire qui affectait la bonhomie.

— Je suis sûre, cependant, de n'avoir pas bougé du salon, reprit Andrée, en cherchant avec naïveté dans ses souvenirs.

— Et moi, dit Nicole, je suis sûre d'avoir vu mademoiselle dans le vestibule. J'ai même pensé, ajouta-t-elle en redoublant d'attention, que mademoiselle revenait de se promener au jardin. Il faisait beau hier dans la nuit, après l'orage. C'est agréable de se promener la nuit : l'air est plus frais, les fleurs sentent meilleur, n'est-ce pas, mademoiselle ?

— Mais tu sais bien que je n'oserais me promener la nuit, dit Andrée en souriant, je suis trop peureuse !

— On peut se promener avec quelqu'un, répliqua Nicole, et alors on n'a pas peur.

— Et avec qui veux-tu que je me promène? dit Andrée qui était loin de voir un interrogatoire dans toutes les questions de sa chambrière.

Nicole ne jugea point à propos de pousser plus loin l'investigation. Ce sang-froid qui lui paraissait le comble de la dissimulation, lui faisait peur.

Aussi jugea-t-elle prudent de donner un autre tour à la conversation.

— Mademoiselle a dit qu'elle souffrait, tout à l'heure ? reprit-elle.

— Oui, en effet, je souffre beaucoup, répondit Andrée; je suis abattue, fatiguée, et cela sans aucune raison. Je n'ai fait hier soir que ce que je fais tous les jours. Si j'allais être malade !

— Oh! mademoiselle, dit Nicole, on a quelquefois des chagrins.

— Eh bien? répliqua Andrée.

— Eh bien ! les chagrins produisent le même effet que la fatigue. Je sais cela, moi.

— Bon, est-ce que tu as des chagrins, toi, Nicole ?

Ces mots furent dits avec une espèce de

négligence dédaigneuse, qui donna à Nicole le courage d'entamer sa réserve.

— Mais oui, mademoiselle, répliqua-t-elle en baissant les yeux, oui, j'ai des chagrins.

Andrée descendit nonchalamment de son lit, et tout en se déshabillant pour se rhabiller :

— Conte-moi cela, dit-elle.

— En effet, je venais justement auprès de mademoiselle pour lui dire...

Elle s'arrêta.

— Pour lui dire quoi ? Bon Dieu, comme tu as l'air effaré, Nicole.

— J'ai l'air effaré comme mademoiselle a l'air fatigué ; sans doute nous souffrons toutes deux.

Le *nous* déplut à Andrée qui fronça le sourcil et fit entendre cette exclamation :

— Ah !

Mais Nicole s'étonna peu de l'exclamation, quoique l'intonation avec laquelle elle avait été faite eût dû lui donner à réfléchir.

— Puisque mademoiselle le veut bien, je commence, dit-elle,

— Voyons, répondit Andrée.

— J'ai envie de me marier, mademoiselle, continua Nicole.

— Bah! fit Andrée... tu penses à cela, et tu n'as pas encore dix-sept ans.

— Mademoiselle n'en a que seize.

— Eh bien?

— Eh bien! quoique mademoiselle n'en ait que seize, ne songe-t-elle pas à se marier quelquefois?...

— En quoi voyez-vous cela? demanda sévèrement Andrée.

Nicole ouvrit la bouche pour dire une impertinence, mais elle connaissait Andrée, elle savait que ce serait couper court à l'explication, laquelle n'était point encore assez avancée, elle se ravisa donc.

— Au fait, dit-elle, je ne puis savoir ce que pense mademoiselle, je suis une paysanne et je vais selon la nature, moi.

— Voilà un singulier mot.

— Comment, n'est-il pas naturel d'aimer quelqu'un et de s'en faire aimer?

— C'est possible; après?

— Eh bien ! j'aime quelqu'un.

— Et ce quelqu'un vous aime?

— Je le crois, mademoiselle.

Nicole comprit que le doute était trop pâle et que, dans une occasion pareille, il était besoin de l'affirmative.

— C'est-à-dire que j'en suis sûre, ajouta-t-elle.

— Très-bien ; mademoiselle occupe son temps à Taverney, à ce que je vois.

— Il faut bien songer à l'avenir. Vous qui êtes une demoiselle, vous aurez sans doute une fortune de quelque parent riche ; moi qui n'ai même pas de parents, je n'aurai que ce que je trouverai.

Comme tout cela paraissait assez simple à Andrée, elle oublia peu à peu le ton avec lequel avaient été prononcées les paroles qu'elle avait trouvées inconvenantes, et sa bonté naturelle ayant pris le dessus :

— Au fait, dit-elle, qui veux-tu épouser ?

— Oh! quelqu'un que mademoiselle connaît, dit Nicole, en attachant ses deux beaux yeux sur ceux d'Andrée.

— Que je connais?

— Parfaitement.

— Qui est-ce? tu me fais bien languir, voyons.

— J'ai peur que mon choix ne déplaise à mademoiselle.

— A moi ?

— Oui !

— Tu le juges donc toi-même peu convenable ?

— Je ne dis pas cela.

— Eh bien ! alors dis sans crainte, il est du devoir des maîtres de s'intéresser à ceux de leurs gens qui les servent bien, et je suis contente de toi.

— Mademoiselle est bien bonne.

— Dis donc vite, et achève de me lacer.

Nicole rassembla toutes ses forces et toute sa pénétration.

— Eh bien! c'est... c'est Gilbert, dit-elle.

Au grand étonnement de Nicole, Andrée ne sourcilla point.

— Gilbert, le petit Gilbert, le fils de ma nourrice?

— Lui-même, mademoiselle.

— Comment, c'est ce garçon-là que tu veux épouser?

— Oui, mademoiselle, c'est lui.

— Et il t'aime?

Nicole se crut arrivée au moment décisif.

— Il me l'a dit vingt fois, répondit-elle.

— Eh bien! épouse-le, dit tranquillement Andrée; je n'y vois aucun obstacle. Tu n'as plus de parents, il est orphelin; vous êtes chacun maîtres de votre sort.

— Sans doute, balbutia Nicole stupéfaite de voir l'événement succéder d'une façon si peu en rapport avec ses prévisions. Quoi! mademoiselle permet...

— Tout à fait; seulement vous êtes bien jeunes tous deux.

— Nous aurons un peu plus longtemps à vivre ensemble.

— Vous n'êtes riches ni l'un ni l'autre ?

— Nous travaillerons.

— A quoi travaillera-t-il, lui qui n'est bon à rien ?

Pour le coup Nicole n'y tint plus, tant de dissimulation l'avait épuisée.

— Mademoiselle me permettra de lui dire qu'elle traite bien mal ce pauvre Gilbert, répondit-elle.

— Dam! fit Andrée, je le traite comme il le mérite, c'est un paresseux.

— Oh ! mademoiselle, il lit toujours et ne demande qu'à s'instruire.

— Rempli de mauvaise volonté, continua Andrée.

— Pas pour mademoiselle toujours, répliqua Nicole.

— Comment cela?

— Mademoiselle le sait mieux que personne, elle qui lui commande de chasser pour la table.

— Moi!

— Et qui lui fait faire quelquefois dix lieues avant qu'il ne trouve un gibier.

— Ma foi, j'avoue que je n'y ai jamais fait la moindre attention.

— Au gibier… dit Nicole en ricanant.

Andrée eût ri peut-être de cette saillie, et n'eût pas deviné tout le fiel contenu dans les sarcasmes de sa chambrière, si elle eût été dans sa disposition ordinaire d'esprit. Mais ses nerfs tressaillaient comme les cordes d'un instrument qu'on a fatigué outre mesure. Des frissonnements nerveux précédaient chaque acte de sa volonté, chaque mouvement de son corps. Le moindre mouvement d'esprit lui était une difficulté qu'il fallait vaincre : — en style de nos jours, nous dirions qu'elle était *agacée*. Mot heureux, conquête de philologie qui rappelle cet état de frissons révoltant où nous jette la succion d'un fruit âpre ou le contact de certains corps raboteux.

— Que veut dire cet esprit? demanda Andrée se ranimant tout à coup, et prenant avec l'impatience toute la perspicacité que sa mollesse l'empêchait d'avoir depuis le commencement de la scène.

— Je n'ai pas d'esprit, mademoiselle, dit Nicole. L'esprit est bon pour les grandes dames. Je suis une pauvre fille, et je dis tout bonnement ce qui est:

— Qu'est-ce qui est, voyons?

— Mademoiselle calomnie Gilbert qui

est plein d'attentions pour elle. Voilà ce qui est.

— Il ne fait que son devoir en qualité de domestique ; après ?

— Mais Gilbert n'est pas domestique, mademoiselle, on ne le paye pas.

— Il est fils de nos anciens métayers ; on le nourrit, on le loge ; il ne fait rien en échange de la nourriture et du logement qu'on lui donne; tant pis pour lui, car il les vole. Mais où voulez-vous en venir et pourquoi défendre si chaudement ce garçon que l'on n'attaque pas?

— Oh! je sais bien que mademoiselle

ne l'attaque pas, dit Nicole avec un sourire tout hérissé d'épines, au contraire.

— Voilà encore des paroles que je ne comprends pas.

— Parce que mademoiselle ne veut pas les comprendre, sans doute.

— Assez, mademoiselle, dit Andrée sévèrement, expliquez-moi à l'instant même ce que vous voulez dire.

— Mademoiselle le sait certainement mieux que moi, ce que je veux dire.

— Non, je ne sais rien, et surtout je ne devine rien, car je n'ai pas le temps de deviner les énigmes que vous me posez.

Vous me demandez mon consentement à votre mariage, n'est-ce pas ?

— Oui, mademoiselle, et je prie mademoiselle de ne pas m'en vouloir si Gilbert m'aime.

— Qu'est-ce que cela me fait à moi que Gilbert vous aime ou ne vous aime pas ? Tenez, en vérité, vous me fatiguez, mademoiselle.

Nicole se haussa sur ses petits pieds comme un jeune coq sur ses ergots. La colère, si longtemps contenue en elle, se fit jour enfin.

— Après cela, dit-elle, mademoiselle a

peut-être déjà dit la même chose à Gilbert.

— Est-ce que je parle à votre Gilbert? Laissez-moi en paix, mademoiselle, vous êtes folle.

— Si mademoiselle ne lui parle pas, ou ne lui parle plus, je ne pense pas qu'il y ait fort longtemps.

Andrée s'avança vers Nicole, qu'elle couvrit tout entière d'un admirable regard de dédain.

— Vous tournez depuis une heure autour de quelque impertinence. Finissez-en. Je le veux.

— Mais... fit Nicole un peu émue.

— Vous dites que j'ai parlé à Gilbert?

— Oui, mademoiselle, je le dis.

Une pensée qu'elle avait longtemps regardée comme impossible vint à l'esprit d'Andrée.

— Mais cette malheureuse fait de la jalousie, Dieu me pardonne! s'écria-t-elle en éclatant de rire. Rassure-toi, ma pauvre Legay, je ne le regarde pas, ton Gilbert, et je ne saurais même te dire de quelle couleur sont ses yeux.

Et Andrée se sentait toute prête à pardonner ce qui, selon elle, n'était plus une impertinence, mais une folie.

Ce n'était point le compte de Nicole; c'était elle qui se regardait comme l'offensée, et elle ne voulait point de pardon.

— Je le crois, répliqua-t-elle, et ce n'est pas le moyen de le savoir que de le regarder la nuit.

— Plaît-il? fit Andrée qui commençait à comprendre, mais qui ne pouvait croire encore.

— Je dis que si mademoiselle ne parle à Gilbert que la nuit, comme elle l'a fait hier, ce n'est pas le moyen de connaître bien exactement les détails de son visage.

— Si vous ne vous expliquez pas sur-le-champ, prenez garde, dit Andrée fort pâle.

— Oh! ce sera bien aisé, mademoiselle, dit Nicole, abandonnant tout son plan de de prudence... j'ai vu cette nuit...

— Taisez-vous, on me parle d'en bas, dit Andrée.

Effectivement une voix criait du parterre.

— Andrée! Andrée!

— C'est monsieur votre père, mademoiselle, dit Nicole, avec l'étranger qui a passé la nuit ici.

— Descendez; dites que je ne puis répondre; dites que je souffre, que j'ai une courbature, et revenez, que je finisse comme il convient cet étrange débat.

— Andrée! cria de nouveau le baron, c'est M. de Balsamo qui veut tout simplement vous faire son compliment du matin.

— Allez, vous dis-je, répéta Andrée, en montrant la porte à Nicole, avec un geste de reine.

Nicole obéit, comme on obéissait à

Andrée quand elle ordonnait, sans répliquer, sans sourciller.

Mais lorsque Nicole fut partie, Andrée éprouva quelque chose d'étrange; si bien résolue qu'elle fût à ne pas se montrer, elle se sentit comme entraînée par une puissance supérieure et irrésistible vers la fenêtre laissée entr'ouverte par Legay.

Elle vit alors Balsamo qui la saluait profondément en fixant ses yeux sur elle.

Elle chancela et se retint aux volets pour ne pas perdre l'équilibre.

— Bonjour, monsieur, répondit-elle à son tour.

Elle prononça ces deux mots juste au moment où Nicole, qui venait prévenir le baron que sa fille ne répondrait point, restait stupéfaite et la bouche béante, sans rien comprendre à cette capricieuse contradiction.

Presque aussitôt Andrée, abandonnée de toutes ses forces, tomba sur un fauteuil.

Balsamo la regardait toujours.

VI

Au jour.

Le voyageur s'était levé de grand matin pour donner un coup d'œil à la voiture et s'informer de la santé d'Althotas.

Tout le monde dormait encore au château, excepté Gilbert qui, caché derrière les barreaux d'une chambre qu'il habitait à la porte d'entrée, avait curieusement suivi les manœuvres de Balsamo et interrogé toutes ses démarches.

Mais Balsamo s'était retiré, fermant la porte du compartiment d'Althotas, et il était loin avant que Gilbert n'eût mis le pied dans l'avenue.

En effet, Balsamo, en remontant vers le massif, avait été frappé du changement que le jour apportait dans le tableau qui lui avait paru si sombre la veille.

Le petit château blanc et rouge, car il était fait de pierres et de briques, était surmonté d'une forêt de sycomores et de faux ébéniers immenses, dont les grappes parfumées tombaient sur son toit et ceignaient les pavillons comme des couronnes d'or.

En avant sur le parterre, une pièce d'eau de trente pas en carré avec une large bordure de gazon et une haie de sureaux en fleurs, faisaient un délicieux repos pour la vue sacrifiée de ce côté, grâce à la hauteur des marronniers et des trembles de l'avenue.

De chaque côté des pavillons montait, jusqu'à un petit bois touffu, asile d'une multitude d'oiseaux dont on entendait au château le concert matinal, montait, disons-nous, une large allée d'érables, de platanes et de tilleuls. Balsamo prit celle de gauche, et au bout d'une vingtaine de pas, il se trouva dans un massif de verdure dont les roses et les seringats, trempés la veille par la pluie d'orage, exhalaient des parfums délicieux. Sous des bordures de troënes perçaient les chèvrefeuilles et les jasmins, et une longue allée d'iris entremêlés de fraisiers, se perdait sous un bois tout enchevêtré de ronces en fleurs et d'aubépines roses.

Balsamo arriva ainsi jusqu'à la partie culminante du terrain. Il y vit les ruines, majestueuses encore, d'un château bâti en silex. Une moitié de tour subsistait seule au milieu d'un énorme amoncellement de pierres, sur lesquelles serpentaient de longues guirlandes de lierre et de vigne-vierge, ces sauvages enfants de la destruction, que la nature a placés sur les ruines pour indiquer à l'homme que les ruines elles-mêmes sont fécondes.

Ainsi considéré, le domaine de Taverney, borné à sept ou huit arpents, ne maquait ni de dignité, ni de grâce. La maison ressemblait à ces cavernes dont la nature embellit les abords, avec ses fleurs, ses lianes et la capricieuse fantaisie de ses groupes de rochers, mais dont la nudité extérieure effraye et repousse le voyageur égaré, qui demande à ces roches creuses un asile pour la nuit.

Tandis que Balsamo revenait après une heure de promenade des ruines vers la maison d'habitation, il vit le baron ensevelissant sa frêle personne dans sa grande robe de chambre d'indienne à fleurs, sortir de la maison par une porte latérale donnant sur l'escalier, et parcourir le jardin en épluchant ses roses et en écrasant des colimaçons.

Balsamo se hâta d'accourir à sa rencontre.

— Monsieur, dit-il, avec une politesse

d'autant plus recherchée, qu'il avait sondé plus avant la pauvreté de son hôte, — permettez-moi de vous présenter mes excuses en même temps que mes respects. J'aurais dû attendre votre réveil pour descendre, mais de ma fenêtre le coup d'œil de Taverney m'a séduit, j'ai voulu voir de près ce beau jardin et ces ruines imposantes.

— Le fait est, monsieur, que les ruines sont fort belles, répondit le baron, après avoir rendu ses politesses à Balsamo. C'est même tout ce qu'il y a de beau ici.

— C'était un château? demanda le voyageur.

— Oui, c'était le mien, ou plutôt celui de mes ancêtres, on l'appelait Maison-Rouge, et nous avons longtemps porté ce nom avec celui de Taverney. La baronnie est même celle de Maison-Rouge. — Mais, mon cher hôte, ne parlons plus de ce qui n'est plus.

Balsamo s'inclina en signe d'adhésion.

— Je voulais de mon côté, monsieur, continua le baron, vous faire mes excuses. Ma maison est pauvre, et je vous avais prévenu.

— Je m'y trouve admirablement bien, monsieur.

— Un chenil, mon cher hôte, un chenil, dit le baron, un nid que les rats commencent à prendre en affection, depuis que les renards, les lézards et les couleuvres les ont chassés de l'autre château. Ah! pardieu, monsieur, continua le baron, vous qui êtes sorcier ou peut s'en faut, vous devriez bien relever d'un coup de baguette le vieux château de Maison-Rouge, et ne pas oublier surtout les deux mille arpents de prés et de bois qui formaient sa ceinture. Mais je gage qu'au lieu de songer à cela vous avez eu la politesse de dormir dans un exécrable lit.

— Oh! monsieur.

— Ne vous défendez pas, mon cher hôte. Le lit est exécrable, je le connais, c'est celui de mon fils.

— Je vous jure, monsieur le baron, que, tel qu'il est, le lit m'a paru excellent. En tout cas je suis confus des bontés que vous avez pour moi, et je voudrais, de tout mon cœur vous le prouver en vous rendant un service quelconque.

Le vieillard, qui raillait toujours, ne manqua pas de réplique.

— Eh bien ! lui dit-il en lui montrant La Brie, qui lui apportait un verre d'eau pure sur une magnifique assiette de Saxe, l'occasion s'en présente, monsieur le baron, faites pour moi ce que Notre-Seigneur a fait pour les noces de Cana, changez cette eau en vin, mais en vin de Bourgogne au moins, en Chambertin, par exemple, et vous me rendrez en ce moment le plus grand service que vous puissiez me rendre.

Balsamo sourit; le vieillard prit le sourire pour une dénégation; il prit le verre et avala son contenu d'un trait.

— Excellent spécifique, dit Balsamo. L'eau est le plus noble des éléments, baron, attendu que c'est sur l'eau que fut porté l'esprit de Dieu avant la création du monde. Rien ne résiste à son action ; il perce la pierre, et peut-être un jour reconnaîtra-t-on qu'il dissout le diamant?

— Eh bien! l'eau me dissoudra, dit le baron, voulez-vous trinquer avec moi, mon hôte? Elle a sur mon vin l'avantage d'être d'un excellent cru. Oh! il en reste encore. Ce n'est pas comme de mon marasquin.

— Si vous aviez à votre verre, ajouté un verre pour moi, mon cher hôte, peut-être eussé-je pu tirer de cette politesse un moyen de vous être utile.

— Bon, expliquez-moi cela. Est-il encore temps?

— Oh! mon Dieu, oui! Ordonnez à ce brave homme de m'apporter un verre d'eau bien pure.

— La Brie, vous entendez, dit le baron.

La Brie partit avec son activité ordinaire.

— Comment, dit le baron en se retournant vers son hôte, comment le verre d'eau que je bois chaque matin renfermerait des propriétés ou des secrets dont je ne me doutais pas? Comment, j'aurais depuis dix ans fait de l'alchimie, comme M. Jourdain faisait de la prose, sans m'en douter?

— J'ignore ce que vous avez fait, répondit gravement Balsamo, mais je sais ce que je fais, moi.

Puis, se retournant vers La Brie, qui avait fait la commission avec une rapidité miraculeuse :

— Merci, mon brave serviteur, dit-il.

Et, prenant le verre de ses mains, il l'éleva à la hauteur de ses yeux, et interrogea le contenu du cristal, sur lequel le grand jour faisait nager des perles et courir des zébrures violettes ou diamantées.

— C'est donc bien beau ce que l'on voit dans un verre d'eau? dit le baron. Diable! diable!

— Mais oui, monsieur le baron, répondit l'étranger; aujourd'hui du moins c'est fort beau.

Et Balsamo parut redoubler d'attention, tandis que le baron, malgré lui, le suivait des yeux, et que La Brie, tout ébahi, continuait de lui tendre son assiette.

— Qu'y voyez-vous, mon cher hôte? dit le baron, continuant son persiflage. En vérité, je bous d'impatience; un héritage pour moi, un nouveau Maison-Rouge pour rétablir un peu mes petites affaires?

— J'y vois l'invitation, que je vais vous transmettre, de vous tenir sur le qui-vive.

— Vraiment ! dois-je être attaqué ?

— Non; mais vous devez ce matin même recevoir une visite.

— Alors, c'est que vous avez donné rendez-vous à quelqu'un chez moi. C'est mal, monsieur, c'est très-mal. Il n'y aura peut-être pas de perdreaux ce matin, prenez-y garde.

— Ce que j'ai l'honneur de vous dire est sérieux, mon cher hôte, reprit Balsamo, et de la plus haute importance, quelqu'un s'achemine en ce moment vers Taverney.

— Par quel hasard, mon Dieu ! et quelle espèce de visite ? Instruisez-moi, mon cher hôte, je vous en supplie, car je vous avouerai que, pour moi, — vous avez dû vous en apercevoir à l'accueil un peu vinaigre que je vous ai fait, — tout visiteur est importun. Précisez, cher sorcier, précisez, si cela vous est possible.

— Non-seulement cela m'est possible, mais je dirai plus, pour que vous ne m'ayez pas une trop grande obligation, cela m'est même facile.

Et Balsamo ramena son œil scrutateur sur la couche d'opale qui ondulait dans le verre.

— Eh bien! voyez-vous? demanda le baron.

— Parfaitement.

— Alors, parlez, ma sœur Anne.

— Je vois venir une personne de haute condition.

— Bah! vraiment, et cette personne vient comme cela, sans être invitée par personne?

— Elle s'est invitée elle-même. Elle est conduite par monsieur votre fils.

— Par Philippe?

— Par lui-même.

Ici, le baron fut saisi d'un accès d'hilarité fort désobligeant pour le sorcier.

— Ah ! ah ! dit-il, conduite par mon fils... Vous dites que cette personne est conduite par mon fils.

— Oui, baron.

— Vous le connaissez donc, mon fils ?

—Pas le moins du monde.

— Et mon fils est en ce moment ?

— A une demi-lieue, un quart de lieue peut-être !

— D'ici ?

— Oui.

—Mon cher monsieur, mon fils est à Strasbourg, où il tient garnison, et à moins de s'exposer à être déclaré déserteur, ce qu'il ne fera pas, je vous jure, il ne peut m'amener personne.

— Il vous amène cependant quelqu'un, dit Balsamo, en continuant d'interroger son verre d'eau.

— Et ce quelqu'un, demanda le baron, est-ce un homme, est-ce une femme?

— C'est une dame, baron, et même une très-grande dame. Ah! tenez, quelque chose de particulier, d'étrange.

— Et d'important? reprit le baron.

— Ma foi, oui.

— Achevez, en ce cas.

— C'est que vous ferez bien d'éloigner votre petite servante, — cette petite drôlesse, comme vous dites, — qui a de la corne au bout des doigts.

— Et pourquoi cela l'éloignerais-je ?

— Parce que Nicole Legay a dans le visage quelques traits de la personne qui vient ici.

— Et vous dites que c'est une grande dame, une grande dame qui ressemble à Nicole ; vous voyez bien que vous tombez dans la contradiction ?

— Pourquoi pas ? J'ai acheté autrefois

une esclave qui ressemblait tellement à la reine Cléopâtre, qu'il était question de la conduire à Rome pour la faire figurer dans le triomphe d'Octave.

— Bon, voilà que cela vous reprend, dit le baron.

— Ensuite, faites-en ce que vous voudrez, de ce que je vous dis, mon cher hôte; vous comprenez, la chose ne me regarde aucunement et est toute dans vos intérêts.

— Mais en quoi cette ressemblance de Nicole peut-elle blesser la personne?

— Supposez que vous soyez roi de France, ce que je ne vous souhaite pas, ou

Dauphin, ce que je vous souhaite moins encore, seriez-vous charmé en entrant dans une maison de trouver au nombre des domestiques de cette maison, une contrefaçon de votre auguste visage?

— Ah! diable, dit le baron, voici un dilemme des plus forts, il résulterait donc de ce que vous dites...

— Que la très-haute et très-puissante dame qui va venir serait peut-être mal contente de voir son image vivante en jupe courte et en fichu de toile.

— Eh bien! dit le baron, toujours riant, nous y aviserons quand il le faudra.

Mais voyez-vous, cher baron, dans tout cela c'est mon fils qui me réjouit le plus. Ce cher Philippe, qu'un heureux hasard va nous amener comme cela, sans crier : Gare !

Et le baron se mit à rire plus fort.

— Ainsi, dit gravement Balsamo, ma prédiction vous fait plaisir ? Tant mieux, ma foi ; mais à votre place, baron...

— A ma place ?

— Je donnerais quelques ordres, je ferais quelques dispositions...

— Vraiment ?

— Oui.

— J'y songerai, cher hôte, j'y songerai.

— Il serait temps.

— C'est donc sérieusement que vous me dites cela?

— On ne peut plus sérieusement, baron; car, si vous voulez recevoir dignement la personne qui vous fait la faveur de vous visiter, vous n'avez pas une minute à perdre.

Le baron secoua la tête.

— Vous doutez, je crois? dit Balsamo.

— Ma foi, cher hôte, j'avoue que vous

avez affaire à l'incrédule le plus endurci...

Ce fut en ce moment que le baron se dirigea du côté du pavillon de sa fille, pour lui faire part de la prédiction de son hôte, et qu'il appela :

— Andrée! Andrée !

Nous savons comment la jeune fille répondit à l'invitation de son père, et comment le regard fascinateur de Balsamo l'attira malgré elle près de la fenêtre.

Nicole était là regardant avec étonnement La Brie qui lui faisait des signes et cherchait à comprendre.

— C'est diablement difficile à croire, répétait le baron, et à moins que de voir...

— Alors, puisqu'il faut absolument que vous voyiez, retournez-vous, dit Balsamo en étendant la main vers l'avenue au bout de laquelle galopait à toute bride un cavalier, dont le cheval faisait résonner la terre sous ses pas.

— Oh! oh! s'écria le baron, voilà en effet...

— Monsieur Philippe! s'écria Nicole en se haussant sur la pointe des pieds.

— Notre jeune maître, fit La Brie avec un grognement de joie.

— Mon frère! mon frère! exclama Andrée, en lui tendant les deux bras par sa fenêtre.

— Serait-ce, par hasard, monsieur votre fils, cher baron? demanda négligemment Balsamo.

— Oui, pardieu! oui, c'est lui-même, répondit le baron stupéfait.

— C'est un commencement, dit Balsamo.

— Décidément vous êtes donc sorcier? demanda le baron.

Un sourire de triomphe se dessina sur les lèvres de l'étranger.

Le cheval grandissait à vue d'œil, on le vit bientôt ruisselant de sueur, entouré d'une vapeur humide franchir les dernières rangées d'arbres, et il courait encore, qu'un jeune officier de taille moyenne, couvert de boue et la figure animée par la rapidité de sa course, sautait à bas du coursier et venait embrasser son père.

— Ah diable ! disait le comte ébranlé dans ses principes d'incrédulité. Ah diable !

— Oui, mon père, disait Philippe qui voyait un reste de doute flotter sur le visage du vieillard. C'est moi! c'est bien moi!

— Sans doute, c'est toi, répondit le baron ; je le vois mordieu bien ! Mais par quel hasard est-ce toi ?

— Mon père, dit Philippe, un grand honneur est réservé à notre maison.

Le vieillard releva la tête.

— Une visite illustre se dirige vers Taverney, dans une heure, Marie-Antoinette-Josèphe, archiduchesse d'Autriche et dauphine de France, sera ici.

Le comte laissa tomber ses bras avec autant d'humilité qu'il avait montré de sarcasme et d'ironie, et se tournant vers Balsamo :

— Pardonnez, dit-il.

— Monsieur, dit Balsamo en saluant Taverney, je vous laisse avec monsieur votre fils; il y a longtemps que vous ne vous êtes vus, et vous devez avoir mille choses à vous dire.

Et Balsamo, après avoir salué Andrée, qui, toute joyeuse de l'arrivée de son frère, se précipitait à sa rencontre, se retira, faisant un signe à Nicole et à La Brie, qui, sans doute, comprirent ce signe, car ils suivirent Balsamo et disparurent avec lui sous les arbres de l'avenue.

VII

Philippe de Taverney.

Philippe de Taverney, chevalier de la Maison-Rouge, ne ressemblait point à sa sœur, quoiqu'il fût aussi beau comme homme qu'elle était belle comme femme. En effet, des yeux d'une expression douce et fière; une coupe irréprochable de visage, d'admirables mains, un pied de femme et la taille la mieux prise du monde en faisaient un charmant cavalier.

Comme tous les esprits distingués qui se trouvent gênés dans la vie, telle que la leur fait le monde, Philippe était triste sans être sombre. C'est à cette tristesse peut-être qu'il devait sa douceur, car, sans cette tristesse accidentelle, il eût été naturellement impérieux, superbe et peu communicatif. Le besoin de vivre avec tous les pauvres, ses égaux de fait, comme avec tous les riches ses égaux de droit, assouplissait une nature que le ciel avait créée rude, dominatrice et susceptible ; il y a toujours un peu de dédain dans la mansuétude du lion.

Philippe avait à peine embrassé son père, qu'Andrée, arrachée à sa torpeur magnétique par la secousse de cet heureux événement, vint, comme nous l'avons dit, se jeter au cou du jeune homme.

Cette action était accompagnée de sanglots qui révélaient toute l'importance que donnait à cette réunion le cœur de la chaste enfant.

Philippe prit la main d'Andrée et celle de son père et les entraîna tous deux dans le salon, où ils se trouvèrent seuls.

— Vous êtes incrédule, mon père, tu es surprise, ma sœur, dit-il, après les avoir fait asseoir tous deux à ses côtés. Cependant rien n'est plus vrai ; encore quelques instants, et madame la Dauphine sera dans notre pauvre demeure.

— Il faut l'en empêcher à tout prix, ventrebleu ! s'écria le baron ; ici la Dauphine, mais s'il arrivait une pareille chose nous serions déshonorés à jamais. Si c'est ici que madame la Dauphine vient chercher un échantillon de la noblesse de France, je la plains, morbleu, je la plains. Mais par quel hasard, dis-moi, a-t-elle été justement choisir ma maison ?

— Oh! c'est toute une histoire, mon père.

— Une histoire? répéta Andrée, raconte-nous-la.

— Oui, une histoire, qui ferait bénir Dieu à ceux qui oublieraient qu'il est notre sauveur et notre père.

Le baron allongea les lèvres en homme qui doute, que l'arbitre souverain des hommes et des choses ait daigné abaisser ses yeux vers lui et se mêler de ses affaires.

Andrée, voyant que Philippe était joyeux, ne doutait de rien, elle, et lui serrait la main pour le remercier de la bonne nouvelle qu'il apportait et du bonheur qu'il paraissait éprouver, en murmurant : Mon frère ! mon bon frère !

— Mon frère ! mon bon frère ! répétait le baron ; elle a, ma foi, l'air satisfait de ce qui nous arrive.

— Mais vous voyez bien, mon père, que Philippe semble heureux.

— Parce que M. Philippe est un enthousiaste ; mais moi qui, heureusement ou malheureusement, pèse les choses, dit Taverney en jetant un coup d'œil attristé sur l'ameublement de son salon, je ne vois rien dans tout cela de bien riant.

— Vous en jugerez autrement tout à l'heure, mon père, dit le jeune homme, quand je vous aurai raconté ce qui m'est arrivé.

— Raconte donc alors, grommela le vieillard.

— Oui, oui, raconte, Philippe, dit Andrée.

— Eh bien ! j'étais, comme vous le savez, en garnison à Strasbourg. Or, vous savez que c'est par Strasbourg que la Dauphine a fait son entrée.

— Est-ce qu'on sait quelque chose dans cette tanière? dit Taverney.

— Tu dis donc, cher frère, que c'est par Strasbourg que la Dauphine...

— Oui, nous attendions depuis le matin sur le glacis, il pleuvait à verse, nos habits ruisselaient d'eau. On n'avait aucune nouvelle bien certaine de l'heure positive à laquelle arriverait madame la Dauphine. Mon major m'envoya en reconnaissance au-devant du cortége. Je fis une lieue à peu près. Tout à coup, au détour d'un chemin, je me trouvai face à face avec les premiers cavaliers de l'escorte. J'échangeai quelques paroles avec eux; ils précédaient Son Altesse Royale, qui passa la tête par la portière et demanda qui j'étais.

Il paraît qu'on me rappela ; mais, pressé d'aller reporter une réponse affirmative à celui qui m'avait envoyé, j'étais déjà reparti au galop. La fatigue d'une faction de six heures avait disparu comme par enchantement.

— Et madame la Dauphine ? demanda Andrée.

— Elle est jeune comme toi, elle est belle comme tous les anges, dit le chevalier.

— Dis donc, Philippe ?... dit le baron en hésitant.

— Eh bien, mon père ?

— Madame la Dauphine ne ressemble-t-elle point à quelqu'un que tu connais?

— Que je connais, moi?

— Oui.

— Personne ne peut ressembler à madame la Dauphine, s'écria le jeune homme avec enthousiasme.

— Cherche.

Philippe chercha.

— Non, dit-il.

— Voyons... à Nicole, par exemple ?

— Oh ! c'est étrange, s'écria Philippe surpris. Oui, Nicole en effet a quelque chose de l'illustre voyageuse. Oh ! mais, c'est si loin d'elle, si au-dessous d'elle. Mais d'où avez-vous pu savoir cela, mon père ?

— Je le tiens d'un sorcier, ma foi.

— D'un sorcier ? dit Philippe étonné.

— Oui, lequel m'avait en même temps prédit ta venue.

— L'étranger ? demanda timidement Andrée.

— L'étranger, est-ce cet homme qui était près de vous quand je suis arrivé, monsieur, et qui s'est discrètement retiré à mon approche ?

— Justement ; mais achève ton récit, Philippe, achève.

— Peut-être vaudrait-il mieux faire quelques préparatifs, dit Andrée.

Mais le baron la retint par la main.

— Plus vous préparerez, plus nous serons ridicules, dit-il. Continuez, Philippe, continuez.

— J'y suis, mon père. Je revins donc à Strasbourg, je m'acquittai de mon message ; on prévint le gouverneur, M. de Stainville, qui accourut aussitôt.

Comme le gouverneur, prévenu par un messager, arrivait sur le glacis, on battait au champ, le cortége commença de paraître et nous courûmes à la porte de Kehl.

J'étais près du gouverneur.

— M. de Stainville, dit le baron; mais attends donc, j'ai connu un Stainville, moi...

— Beau-frère du ministre, de M. de Choiseul.

— C'est cela; continue, continue, dit le baron.

— Madame la Dauphine qui est jeune, aime sans doute les jeunes visages, car elle écouta assez distraitement les compliments de M. le gouverneur, et fixant les yeux sur moi qui m'étais reculé par respect :

— N'est-ce pas monsieur, demanda-t-elle en me montrant, qui a été envoyé au-devant de moi?

— Oui, madame, répondit M. de Stainville.

— Approchez, monsieur, dit-elle.

Je m'approchai.

— Comment vous nomme-t-on ? demanda madame la Dauphine d'une voix charmante.

— Le chevalier Taverney Maison-Rouge, répondis-je en balbutiant.

— Prenez ce nom sur vos tablettes, ma chère, dit madame la Dauphine en s'adressant à une vieille dame que j'ai su depuis être la comtesse de Langershausen, sa gouvernante, et qui écrivit effectivement mon nom sur son agenda.

Puis, se tournant vers moi :

— Ah ! monsieur, dit-elle, dans quel état vous a mis cet affreux temps ! En vérité, je me fais de grands reproches quand je songe que c'est pour moi que vous avez tant souffert.

— Que c'est bon à madame la Dauphine, et quelles charmantes paroles! s'écria Andrée en joignant les mains.

—Aussi je les ai retenues mot pour mot, dit Philippe, avec l'intonation, l'air du visage qui les accompagnaient, tout, tout, tout.

— Très-bien! très-bien! murmura le baron avec un singulier sourire dans lequel on pouvait lire à la fois et la fatuité paternelle et la mauvaise opinion qu'il avait des femmes et même des reines. Bien, continuez, Philippe.

— Que répondîtes-vous? demanda Andrée.

— Je ne répondis rien; je m'inclinai jusqu'à terre, et madame la Dauphine passa.

— Comment! vous n'avez rien répondu? s'écria le baron.

— Je n'avais plus de voix, mon père. Toute ma vie s'était retirée en mon cœur, que je sentais battre avec violence.

— Du diable si à votre âge, quand je fus présenté à la princesse Leczinska, je ne trouvai rien à dire!

— Vous avez beaucoup d'esprit, vous, monsieur, répondit Philippe en s'inclinant.

Andrée lui serra la main.

— Je profitai du départ de Son Altesse, continua Philippe, pour retourner à mon logis et y faire une nouvelle toilette, car j'étais effectivement trempé d'eau et souillé de boue à faire pitié.

— Pauvre frère ! murmura Andrée.

— Cependant, continua Philippe, madame la Dauphine était arrivée à l'hôtel-de-ville et recevait les félicitations des habitants. Les félicitations épuisées, on vint la prévenir qu'elle était servie, et elle se mit à table.

Un de mes amis, le major du régiment

le même qui m'avait envoyé au-devant de Son Altesse, m'a assuré que la princesse regarda plusieurs fois autour d'elle cherchant dans les rangs des officiers qui assistaient à son dîner.

— Je ne vois pas, dit Son Altesse, après une investigation pareille renouvelée inutilement deux ou trois fois, je ne vois pas le jeune officier qui a été envoyé au-devant de moi ce matin. Ne lui a-t-on pas dit que je désirais le remercier ?

Le major s'avança.

— Madame, dit-il, monsieur le lieutenant de Taverney a dû rentrer chez lui pour changer de vêtements et se présenter ensuite d'une façon plus convenable devant Votre Altesse Royale.

Un instant après je rentrai.

Je n'étais pas depuis cinq minutes dans la salle de que madame la Dauphine m'aperçut.

Elle me fit signe de venir à elle, je m'approchai.

— Monsieur, me dit-elle, auriez-vous quelque répugnance à me suivre à Paris ?

— Oh! madame! m'écriai-je, tout au contraire, et ce serait pour moi un suprême bonheur ; mais je suis au service, en garnison à Strasbourg, et...

— Et...

— C'est vous dire, madame, que mon désir seul est à moi.

— De qui dépendez-vous ?

— Du gouverneur militaire.

— Bien... J'arrangerai cela avec lui.

Elle me fit un signe de la main, et je me retirai.

Le soir, elle s'approcha du gouverneur.

— Monsieur, lui dit-elle, j'ai un caprice à satisfaire.

— Dites ce caprice, et ce sera un ordre pour moi, madame.

— J'ai eu tort de dire un caprice à satisfaire ; c'est un vœu à accomplir.

— La chose ne m'en sera que plus sacrée... Dites, madame.

— Eh bien ! j'ai fait vœu d'attacher à mon service le premier Français, quel qu'il fût, que je rencontrerais en mettant le pied sur la terre de France, et de faire son bonheur et celui de sa famille, si toutefois il est au pouvoir des princes de faire le bonheur de quelqu'un.

— Les princes sont les représentants de

Dieu sur la terre. Et quelle est la personne qui a eu le bonheur d'être rencontrée la première par Votre Altesse?

— M. de Taverney Maison-Rouge, le jeune lieutenant qui a été vous prévenir de mon arrivée.

— Nous allons tous être jaloux de M. de Taverney, madame, dit le gouverneur; mais nous ne troublerons pas le bonheur qui lui est réservé; il est retenu par sa consigne, mais nous lèverons sa consigne; il est lié par son engagement, mais nous briserons son engagement; il partira en même temps que Votre Altesse Royale.

— En effet, le jour même où la voiture de Son Altesse quittait Strasbourg, je reçus l'ordre de monter à cheval et de l'accompagner. Depuis ce moment, je n'ai pas quitté la portière de son carrosse.

— Eh! eh! fit le baron avec son même sourire, eh! eh! ce serait singulier; mais ce n'est pas impossible!

— Quoi, mon père? dit naïvement le jeune homme.

— Oh! je m'entends, dit le baron, je m'entends, eh! eh!

— Mais, cher frère, dit Andrée, je ne vois pas encore comment, au milieu de tout cela, madame la Dauphine a pu venir à Taverney.

— Attends ; c'était hier au soir, vers onze heures, nous arrivâmes à Nancy, et nous traversâmes la ville aux flambeaux. La Dauphine m'appela.

— Monsieur de Taverney, dit-elle, pressez l'escorte.

Je fis signe que la Dauphine désirait aller plus vite.

— Je veux partir demain de bon matin, ajouta la Dauphine.

— Votre Altesse désire faire demain une longue étape ? demandai-je.

— Non, mais je désire m'arrêter en route.

— Quelque chose comme un pressentiment me troubla le cœur à ces mots.

— En route ? répétai-je.

— Oui, dit Son Altesse Royale.

Je me tus.

— Vous ne devinez pas où je veux m'arrêter? demanda-t-elle en souriant.

— Non, madame.

— Je veux m'arrêter à Taverney.

— Pourquoi faire? mon Dieu! m'écriai-je.

— Pour voir votre père et votre sœur.

— Mon père! ma sœur!... Comment, Votre Altesse Royale sait...

— Je me suis informée, dit-elle, et j'ai appris qu'ils habitaient à deux cents pas de la route que nous suivons. Vous donnerez l'ordre qu'on arrête à Taverney.

— La sueur me monta au front, et je me hâtai de dire à Son Altesse Royale, avec un tremblement que vous comprenez :

— Madame, la maison de mon père n'est pas digne de recevoir une si grande princesse que vous êtes.

— Pourquoi cela? demanda Son Altesse Royale.

— Nous sommes pauvres, madame.

— Tant mieux, dit-elle, l'accueil n'en sera, j'en suis certaine, que plus cordial et plus simple. Il y a bien, si pauvre que soit Taverney, une tasse de lait pour une amie qui désire oublier un instant qu'elle est archiduchesse d'Autriche et dauphine de France.

— Oh! madame! répondis-je en m'inclinant. Ce fut tout. Le respect m'empêchait d'en dire davantage.

J'espérais que Son Altesse Royale oublierait ce projet, ou que sa fantaisie se dissiperait ce matin avec l'air vif de la route, mais il n'en fut rien. Au relais de Pont-à-Mousson, Son Altesse me demanda si nous approchions de Taverney, et je fus forcé de répondre que nous n'en étions plus qu'à trois lieues.

— Maladroit ! s'écria le baron.

— Hélas ! on eût dit que la Dauphine devinait mon embarras : « Ne craignez rien, me dit-elle, mon séjour ne sera pas long; mais puisque vous me menacez d'un accueil qui me fera souffrir, nous serons quittes, car moi aussi je vous ai fait souffrir à mon entrée à Strasbourg. » Comment résister à de si charmantes paroles ? dites, mon père.

— Oh ! c'était impossible, dit Andrée, et Son Altesse Royale, si bonne à ce qu'il paraît, se contentera de mes fleurs et d'une tasse de mon lait, comme elle a dit.

— Oui, dit le baron; mais elle ne se contentera pas de mes fauteuils qui lui briseront les os, de mes lambris qui lui attristeront la vue. Au diable les caprices ! Bon ! la France sera encore bien gouvernée par une femme qui a de ces fantaisies-là. Peste ! voilà l'aurore d'un singulier règne !

— Oh! mon père, pouvez-vous dire de semblables choses d'une princesse qui nous comble d'honneurs.

— Qui me déshonore bien plutôt, s'écria le vieillard. Qui songe en ce moment aux Taverney? Personne. Le nom de la famille dort sous les ruines de Maison-Rouge, et j'espérais qu'il n'en sortirait que d'une certaine façon et quand le moment serait venu; mais non, j'espérais à tort, et voilà que le caprice d'une enfant va le ressusciter terni, poudreux, mesquin, misérable. Voici que les gazettes, à l'affût de tout ce qui est ridicule, pour en tirer le scandale dont elles vivent, vont consigner dans leurs sales recueils la visite d'une grande princesse au taudis de Taverney. Cordieu ! j'ai une idée !

Le baron prononça ces paroles d'une façon qui fit tressaillir les deux jeunes gens.

— Que voulez-vous dire, mon père ? demanda Philippe.

— Je dis, mâchonna le baron, que l'on sait son histoire, et que, si le comte de Médina a bien incendié son palais pour embrasser une reine, je puis bien, moi, brûler une bicoque pour être dispensé de recevoir une Dauphine. Laissez arriver la princesse.

Les deux jeunes gens n'avaient entendu que les derniers mots, et ils se regardaient avec inquiétude.

— Laissez-la arriver, répéta Taverney.

— Elle ne peut tarder, monsieur, répondit Philippe. J'ai pris la traverse par le bois de Pierrefitte pour gagner quelques minutes sur le cortége, mais il ne doit pas être loin.

— En ce cas, il n'y a pas de temps à perdre, dit le baron.

Et, agile encore comme s'il eût eu vingt ans, le baron sortit du salon, courut à la cuisine, arracha du foyer un tison brûlant, et courut aux granges pleine de paille sèche, de luzerne et de féveroles, il l'approchait déjà des bottes de fourrage, lorsque Balsamo surgit derrière lui et lui saisit le bras.

— Que faites-vous donc là, monsieur ? dit-il en arrachant le brandon des mains du vieillard ; l'archiduchesse d'Autriche n'est point un connétable de Bourbon dont la présence souille une maison à ce point qu'on la brûle plutôt que de la laisser y mettre le pied.

Le vieillard s'arrêta, pâle, tremblant, et ne souriant plus comme d'habitude. Il lui avait fallu réunir toutes ses forces pour adopter au profit de son honneur, du moins à la façon dont il l'entendait, une résolution qui faisait d'une médiocrité, encore supportable, une misère complète.

— Allez, monsieur, allez, continua Balsamo, vous n'avez que le temps de quitter cette robe de chambre et de vous habiller d'une façon convenable. Quand j'ai connu au siége de Philisbourg le baron de Taverney, il était grand-croix de Saint-Louis. Je ne sache pas d'habit qui ne redevienne riche et élégant sous une pareille décoration.

— Mais, monsieur, reprit Taverney, avec tout cela la Dauphine va voir ce que je ne voulais pas même vous montrer à vous, c'est que je suis malheureux.

— Soyez tranquille, baron; on l'occupera de telle façon qu'elle ne remarquera pas si votre maison est neuve ou vieille, pauvre ou riche. Soyez hospitalier, monsieur, c'est votre devoir comme gentilhomme. Que feront les ennemis de Son Altesse Royale, et elle en a bon nombre, si ses amis brûlent leurs châteaux pour ne pas la recevoir sous leur toit ? N'anticipons pas sur les colères à venir, monsieur; chaque chose aura son tour.

M. de Taverney obéit avec cette résignation dont une fois déjà il avait donné la preuve, et alla rejoindre ses enfants, qui, inquiets de son absence, le cherchaient de tous côtés.

Quant à Balsamo, il se retira silencieusement comme pour achever une œuvre commencée.

VIII

Marie-Antoinette-Josèphe, archiduchesse d'Autriche.

Il n'y avait pas de temps à perdre en effet, comme l'avait dit Balsamo ; un grand bruit de voitures, de chevaux et de voix retentissait dans le chemin, si paisible d'ordinaire, qui conduisait de la route à la maison du baron de Taverney.

On vit alors trois carrosses, dont l'un, chargé de dorures et de bas-reliefs mythologiques, n'était pas, malgré sa magnificence, moins poudreux ou moins éclaboussé que les autres, s'arrêter près de la grande porte que tenait ouverte Gilbert, dont les yeux dilatés et le tremblement fébrile indiquaient la vive émotion à l'aspect de tant de grandeurs.

Vingt cavaliers, tous jeunes et brillants, vinrent se ranger près de la principale voiture, lorsqu'en descendit, soutenue par un homme vêtu de noir, portant en sautoir sous l'habit, le grand cordon de l'Ordre, une jeune fille de quinze à seize ans, coiffée sans poudre, mais avec une simplicité qui n'empêchait pas sa chevelure de s'élever un pied au-dessus de son front.

Marie-Antoinette, car c'était-elle, arrivait en France avec une réputation de beauté que n'y apportaient pas toujours les princesses destinées à partager le trône de nos rois. Il était difficile d'avoir une opinion sur ses yeux, qui, sans être précisément beaux, prenaient à sa volonté toutes les expressions, et surtout celles si opposées de la douceur et du dédain; son nez était bien fait, sa lèvre supérieure était belle, mais sa lèvre inférieure, aristocratique héritage de dix-sept Césars, trop épaisse, trop avancée, et quelquefois même tombante, ne semblait aller convenablement à ce joli visage que lorsque ce joli visage voulait exprimer la colère ou l'indignation. Son teint était admirable; on voyait le sang courir sous le tissu délicat de sa peau ; sa poitrine, son cou, ses épaules, étaient d'une suprême beauté; ses mains étaient royales. Elle avait deux démarches bien distinctes : l'une qu'elle prenait, et celle-là était ferme, noble et un peu pressée; l'autre, à laquelle elle se laissait aller, et celle-là était molle, balancée et pour ainsi dire caressante. Jamais femme n'a fait la révérence avec plus de grâce. Jamais reine n'a salué avec plus de science.

Pliant la tête une seule fois pour dix personnes, et dans cette seule et unique inclinaison, donnant à chacun ce qui lui revenait.

Ce jour-là, Marie-Antoinette avait son regard de femme, son sourire de femme, et même de femme heureuse; elle était décidée, si la chose était possible, à ne pas redevenir Dauphine de la journée. Le calme le plus doux régnait sur son visage, la bienveillance la plus charmante animait ses yeux. Elle était vêtue d'une robe de soie blanche, et ses beaux bras nus supportaient un mantelet d'épaisses dentelles.

A peine eût-elle mis pied à terre qu'elle

se retourna pour aider à descendre de voiture une de ses dames d'honneur que l'âge appesantissait un peu ; puis, refusant le bras que lui offrait l'homme à l'habit noir et au cordon bleu, elle s'avança, libre, aspirant l'air et jetant les yeux autour d'elle, comme si elle voulait profiter jusqu'en ses moindres détails de la rare liberté qu'elle se donnait.

— Oh ! le beau site, les beaux arbres, la gentille maisonnette, dit-elle. Qu'on doit être heureux dans ce bon air et sous ces arbres qui vous cachent si bien.

En ce moment Philippe de Taverney arriva suivi d'Andrée, qui, avec ses longs cheveux tordus en nattes, et vêtue d'une robe de soie gris de lin, donnait le bras au baron, vêtu d'un bel habit de velours bleu de roi, débris de son ancienne splendeur. Il va sans dire que, suivant la recommandation de Balsamo, le baron n'avait pas oublié son grand cordon de Saint-Louis.

La Dauphine s'arrêta sitôt qu'elle vit les deux personnes qui venaient à elle.

Autour de la jeune princesse se groupa sa cour : officiers tenant leurs chevaux par la bride, courtisans le chapeau à la main, s'appuyant aux bras les uns des autres et chuchottant tout bas.

Philippe de Taverney s'approcha de la Dauphine, pâle d'émotion et avec une noblesse mélancolique.

— Madame, dit-il, si Votre Altesse Royale le permet, j'aurai l'honneur de lui présenter M. le baron de Taverney Maison-Rouge, mon père, et mademoiselle Claire-Andrée de Taverney, ma sœur?

Le baron s'inclina profondément et en homme qui sait saluer les reines ; Andrée déploya toute la grâce de la timidité élégante, toute la politesse si flatteuse d'un respect sincère.

Marie-Antoinette regardait les deux

jeunes gens et, comme ce que lui avait dit Philippe de la pauvreté de leur père lui revenait à l'esprit, elle devinait leur souffrance.

— Madame, dit le baron d'une voix pleine de dignité, Votre Altesse Royale fait trop d'honneur au château de Taverney; une si humble demeure n'est pas digne de recevoir tant de noblesse et de beauté.

— Je sais que je suis chez un vieux soldat de France, répondit la Dauphine, et ma mère, l'impératrice Marie-Thérèse, qui a beaucoup fait la guerre, m'a dit que, dans votre pays, les plus riches de gloire sont presque toujours les plus pauvres d'argent.

Et, avec une grâce ineffable, elle tendit sa belle main à Andrée qui la baisa en s'agenouillant.

Cependant le baron, tout à son idée dominante, s'épouvantait de ce grand nombre de gens qui allaient emplir sa petite maison et manquer de siéges.

La Dauphine le tira tout à coup d'embarras.

— Messieurs, dit-elle en se tournant vers les personnes qui composaient son escorte, vous ne devez ni porter la fatigue de mes fantaisies, ni jouir du privilége d'une Dauphine. Vous m'attendrez donc ici, je vous prie; dans une demi-heure je reviens. Accompagnez-moi, ma bonne Dangershausen, dit-elle en allemand à celle de ses femmes qu'elle avait aidée à descendre de voiture. — Suivez-nous, monsieur, dit-elle au seigneur vêtu de noir.

Celui-ci, qui, sous son simple habit, offrait une élégance remarquable, était un homme de trente ans à peine, beau de visage, et de gracieuses manières. Il se rangea pour laisser passer la princesse.

Marie-Antoinette prit à son côté Andrée

et fit signe à Philippe de venir près de sa sœur.

Quant au baron, il se trouva près du personnage, éminent sans doute, à qui la Dauphine accordait l'honneur de l'accompagner.

— Vous êtes donc un Taverney-Maison-Rouge? dit celui-ci au baron, en chiquenaudant avec une impertinence toute aristocratique son magnifique jabot de dentelle d'Angleterre.

— Faut-il que je réponde monsieur ou monseigneur? demanda le baron avec une impertinence qui ne le cédait en rien à celle du gentilhomme vêtu de noir.

— Dites tout simplement mon prince, répondit celui-ci, ou Votre Eminence, si vous l'aimez mieux.

— Eh bien! oui, Votre Éminence, je suis un Taverney-Maison-Rouge, un vrai, dit le baron sans quitter tout à fait le ton railleur qu'il perdait si rarement.

L'Eminence, qui avait le tact des grands seigneurs, s'aperçut facilement qu'il avait affaire à quelque chose de mieux qu'un hobereau.

— Cette maison est votre séjour d'été? continua-t-elle.

— D'été et d'hiver, répliqua le baron, qui désirait en finir avec des interrogations déplaisantes, mais en accompagnant chacune de ses réponses d'un grand salut.

Philippe, de son côté, se retournait de temps en temps du côté de son père avec inquiétude. La maison semblait, en effet, s'approcher menaçante et ironique pour montrer impitoyablement sa pauvreté.

Déjà le baron étendait avec résignation la main vers le seuil désert de visiteurs, quand la Dauphine se tournant vers lui :

— Excusez-moi, monsieur, de ne point entrer dans la maison ; ces ombrages me plaisent tant que j'y passerais ma vie. Je suis un peu lasse des chambres. C'est dans des chambres que l'on me reçoit depuis quinze jours, moi qui n'aime que l'air, l'ombrage et le parfum des fleurs.

Puis s'adressant à Andrée :

— Mademoiselle, vous me ferez bien apporter, sous ces beaux arbres, une tasse de lait, n'est-ce pas?

— Votre Altesse, dit le baron pâlissant, comment oser vous offrir une si triste collation.

— C'est ce que je préfère, avec des œufs frais, monsieur. Des œufs frais et du laitage, c'étaient mes festins de Schœnbrunn.

Tout à coup La Brie, radieux et bouffi d'orgueil sous une livrée magnifique, tenant une serviette au poing, apparut en avant d'une tonnelle de jasmin, dont depuis quelques instants la Dauphine semblait envier l'ombrage.

— Son Altesse Royale est servie, dit-il, avec un mélange impossible à rendre de sonorité et de respect.

— Oh! mais je suis chez un enchanteur, s'écria la princesse en riant.

Et elle courut plutôt qu'elle ne marcha vers le berceau odorant.

Le baron, très-inquiet, oublia l'étiquette, et quitta les côtés du gentilhomme vêtu de noir pour courir sur les pas de la Dauphine.

Philippe et Andrée se regardaient avec un mélange d'étonnement et d'anxiété, dans lequel l'anxiété dominait visiblement.

La Dauphine, en arrivant sous les arceaux de verdure, poussa un cri de surprise.

Le baron qui arrivait derrière elle, poussa un soupir de satisfaction.

Andrée laissa tomber ses mains d'un air qui signifiait :

— Qu'est-ce que cela veut dire, mon Dieu?

La jeune Dauphine vit du coin de l'œil toute cette pantomime : elle avait un esprit capable de comprendre ces mystères, si son cœur ne les lui eût déjà fait deviner.

Sous les lianes de clématites, de jasmins et de chèvrefeuilles fleuris, dont les noueuses tiges lançaient mille épais rameaux, une table ovale était dressée, éblouissante, et par l'éclat du linge de damas qui la couvrait, et par le service de vermeil ciselé qui couvrait le linge.

Dix couverts attendaient dix convives.

Une collation recherchée, mais d'une composition étrange, avait tout d'abord attiré les regards de la Dauphine.

C'étaient des fruits exotiques confits dans du sucre, des confitures de tous les pays, des biscuits d'Alep, des oranges de Malte, des limons et des cédrats d'une grosseur inouïe; le tout reposant dans de vastes coupes. Enfin, les vins les plus riches de tons et les plus nobles d'origine étincelaient de toutes les nuances du rubis et de la topaze dans quatre admirables carafes taillées et gravées en Perse.

Le lait qu'avait demandé la Dauphine emplissait une aiguière de vermeil.

La Dauphine regarda autour d'elle, et ne vit parmi ses hôtes que des visages pâles et effarés.

Les gens de l'escorte admiraient et se réjouissaient sans rien comprendre, mais aussi sans chercher à comprendre.

— Vous m'attendiez donc, monsieur? demanda la Dauphine au baron de Taverney.

— Moi, madame? balbutia celui-ci.

— Sans doute; ce n'est pas en dix minutes que l'on fait de pareils préparatifs, et je suis chez vous depuis dix minutes à peine.

Et elle acheva sa phrase en regardant La Brie, d'un air qui voulait dire :

— Surtout quand on n'a qu'un seul valet.

— Madame, répondit le baron j'attendais effectivement Votre Altesse Royale, ou plutôt j'étais prévenu de son arrivée.

La Dauphine se tourna vers Philippe.

— Monsieur vous avait donc écrit? demanda-t-elle.

— Non, madame.

— Personne ne savait que je dusse m'arrêter que vous, monsieur, pas même moi, dirais-je presque, car je cachais mon désir à moi-même, pour ne pas causer ici l'embarras que je cause, et je n'en ai parlé que cette nuit à monsieur votre fils, lequel était encore près de moi il y a une heure, et n'a dû me précéder que de quelques minutes.

— En effet, madame, d'un quart-d'heure à peine.

— Alors, c'est quelque fée qui vous aura révélé cela ; la marraine de mademoiselle peut-être, ajouta la Dauphine en souriant et en regardant Andrée.

— Madame, dit le baron en offrant un siége à la princesse, ce n'est point une fée qui m'a averti de cette bonne fortune, c'est...

— C'est? répéta la princesse, voyant que baron hésitait.

— Ma foi! c'est un enchanteur!

— Un enchanteur! Comment cela?

— Je n'en sais rien, car je ne me mêle point de magie; mais enfin c'est à lui, madame, que je dois de recevoir à peu près décemment Votre Altesse Royale, dit le baron.

— Alors nous ne pouvons toucher à rien, dit la Dauphine, puisque cette collation que nous avons devant nous est l'œuvre de la sorcellerie, et Son Éminence s'est trop pressée, ajouta-t-elle en se tournant vers le seigneur vêtu de noir, d'ouvrir ce pâté de Strasbourg, dont nous ne mangerons certainement pas. Et vous, ma chère amie, dit-elle à sa gouvernante, défiez-vous de ce vin de Chypre et faites comme moi.

Ce disant, la Dauphine se versa, d'une carafe, ronde comme un globe et à petit col, un grand verre d'eau dans un gobelet d'or.

— Mais, en effet, dit Andrée avec une sorte d'effroi, Son Altesse a peut-être raison.

Philippe tremblait de surprise, et ignorant tout ce qui s'était passé la veille, regardait alternativement son père et sa sœur, essayant de deviner dans leurs regards ce qu'ils ne devinaient pas eux-mêmes.

— C'est contraire aux dogmes, dit la Dauphine, et M. le cardinal va pécher.

— Madame, dit le prélat, nous sommes trop mondains, nous autres princes... de l'Église, pour croire aux colères célestes à propos de victuailles, et trop humains surtout pour brûler de braves sorciers qui nous nourrissent de si bonnes choses.

— Ne plaisantez pas, monseigneur, dit le baron. Je jure à Votre Éminence que l'auteur de tout ceci est un sorcier, très-sorcier, qui m'a prédit, voilà une heure à peu près, l'arrivée de Son Altesse et celle de mon fils.

— Voilà une heure! demanda la Dauphine.

— Oui, tout au plus.

— Et depuis une heure, vous avez eu le temps de faire dresser cette table, de mettre à contribution les quatre parties du monde pour réunir ces fruits, de faire venir les vins de Tokey, de Constance, de Chypre et de Malaga? Dans ce cas, monsieur, vous êtes plus sorcier que votre sorcier.

— Non, madame; c'est lui, et toujours lui.

— Comment! toujours lui?

— Oui, qui a fait sortir de terre cette table toute servie, telle qu'elle est enfin.

— Votre parole, monsieur, demanda la princesse.

— Foi de gentilhomme, répondit le baron.

— Ah bah ! s'écria le cardinal du ton le plus sérieux et en abandonnant son assiette, j'ai cru que vous plaisantiez.

— Non, Votre Eminence.

— Vous avez chez vous un sorcier, un vrai sorcier ?

— Un vrai sorcier ! Et je ne serais pas même étonné que l'or dont est composé ce service ne fût de sa façon.

— Il connaîtrait la pierre philosophale, s'écria le cardinal les yeux brillants de convoitise.

— Oh! comme cela va à monsieur le cardinal, dit la princesse, lui qui l'a cherchée toute sa vie sans la pouvoir trouver.

— J'avoue à Votre Altesse, répondit la mondaine Eminence, que je ne trouve rien de plus intéressant que les choses surnaturelles, rien de plus curieux que les choses impossibles.

— Ah ! j'ai touché l'endroit vulnérable à ce qu'il paraît, dit la Dauphine, tout grand homme a ses mystères, surtout quand il est diplomate. Moi aussi, je vous en préviens, monsieur le cardinal, je suis très-forte en sorcellerie, et je devine parfois des choses, sinon impossibles, sinon surnaturelles, du moins... incroyables.

C'était là, sans doute, une énigme compréhensible pour le cardinal seul, car il se montra visiblement embarrassé. Il est vrai de dire que l'œil si doux de la Dauphine s'était allumé en lui parlant, d'un de ces éclairs qui annonçaient chez elle un orage intérieur.

Cependant l'éclair seul parut, rien ne gronda, la Dauphine se contint et reprit :

— Voyons, monsieur de Taverney, pour rendre la fête complète, montrez-nous votre sorcier. Où est-il, dans quelle boîte l'avez-vous mis?

— Madame, répondit le baron, c'est bien plutôt lui qui me mettrait moi et ma maison dans une boîte.

— Vous piquez ma curiosité, en vérité, dit Marie-Antoinette, décidément, monsieur, je veux le voir.

Le ton dont avaient été prononcées ces paroles, tout en gardant ce charme que Marie-Antoinette savait donner à ses paroles, n'admettait cependant point de réplique. Le baron, qui était resté debout avec son fils et sa fille pour servir la Dauphine, le comprit parfaitement. Il fit un signe à La Brie qui, au lieu de servir, contemplait les illustres convives et semblait se payer par cette vue, de vingt ans de gages arriérés.

Celui-ci releva la tête.

— Allez prévenir M. le baron Joseph Balsamo, dit Taverney, que S. A. R. madame la Dauphine désire le voir.

La Brie partit.

— Joseph Balsamo! dit la Dauphine; quel singulier nom est-ce là?

— Joséph Balsamo! répéta en rêvant le cardinal; je connais ce nom, il me semble.

Cinq minutes s'écoulèrent sans que personne eût l'idée de rompre le silence.

Tout à coup Andrée tressaillit : elle entendait, bien avant qu'il ne fût perceptible aux autres oreilles, un pas qui s'avançait sous la feuillée.

Les branches s'écartèrent, et Joseph Balsamo apparut, juste en face de Marie-Antoinette.

IX

Magie.

Balsamo s'inclina humblement, mais presque aussitôt, relevant sa tête pleine d'intelligence et d'expression, il attacha fixement, quoique avec respect, son regard clair sur la Dauphine, et attendit silencieusement que celle-ci l'interrogeât.

— Si c'est vous dont vient de nous parler M. de Taverney, dit Marie-Antoinette, approchez-vous, monsieur, que nous voyons comment est fait un sorcier.

Balsamo fit encore un pas et s'inclina une seconde fois.

— Vous faites métier de prédire, monsieur, dit la Dauphine, regardant Balsamo avec une curiosité plus grande peut-être qu'elle n'eût voulu la lui accorder, et en buvant son lait à petites gorgées.

— Je n'en fais pas métier, madame, dit Balsamo, mais je prédis.

— Nous avons été élevée dans une foi

éclairée, dit la Dauphine, et les seuls mystères auxquels nous ajoutions foi sont les mystères de la religion catholique.

— Ils sont vénérables sans doute, dit Balsamo avec un recueillement profond. Mais voilà M. le cardinal de Rohan, qui dira à Votre Altesse, tout prince de l'Église qu'il est, que ce ne sont point les seuls mystères qui méritent le respect.

Le cardinal tressaillit; il n'avait dit son nom à personne, personne ne l'avait prononcé, et cependant l'étranger le connaissait.

Marie-Antoinette ne parut point remarquer cette circonstance, et continua :

— Vous avouerez du moins, monsieur, que ce sont les seuls que l'on ne controverse point.

— Madame, répondit Balsamo avec le même respect, mais avec la même fermeté, à côté de la foi il y a la certitude.

— Vous parlez un peu obscurément, monsieur le sorcier, je suis bonne française de cœur, mais pas encore d'esprit, et je ne comprends pas très-bien les finesses de la langue : il est vrai que l'on m'a dit que M. de Bièvre m'apprendrait tout cela. Mais en attendant je suis forcée de vous prier d'être moins énigmatique, si voulez que je vous comprenne.

— Et moi, dit Balsamo en secouant la tête avec un mélancolique sourire, je demanderai à Votre Altesse la permission de rester obscur. J'aurais trop de regret de dévoiler à une si grande princesse un avenir qui, peut-être, ne serait point selon ses espérances.

— Oh! oh! ceci est plus grave, dit Marie-Antoinette; et monsieur veut piquer ma curiosité, espérant que j'exigerai de lui qu'il me dise ma bonne aventure.

— Dieu me préserve, au contraire, d'y être forcé, madame, dit froidement Balsamo.

— Oui, n'est-ce pas? reprit la Dauphine

en riant; car cela vous embarrasserait fort.

Mais le rire de la Dauphine s'éteignit sans que le rire d'aucun courtisan lui fît écho. Tout le monde subissait l'influence de l'homme singulier qui était pour le moment le centre de l'attention générale.

— Voyons, avouez franchement, dit la Dauphine.

Balsamo s'inclina sans répondre.

— C'est vous cependant qui avez prédit mon arrivée à M. de Taverney? reprit Marie-Antoinette avec un léger mouvement d'impatience.

— Oui, madame, c'est moi.

— Comment cela baron? demanda la Dauphine, qui commençait à éprouver le besoin d'entendre une autre voix se mêler à l'étrange dialogue qu'elle regrettait peut-être d'avoir entrepris, mais qu'elle ne voulait pas cependant abandonner.

— Oh! mon Dieu, madame, dit le baron, de la façon la plus simple, en regardant dans un verre d'eau.

— Est-ce vrai? interrogea la Dauphine revenant à Balsamo.

— Oui, madame, repondit celui-ci.

— C'est là votre grimoire? il est innocent du moins, puissent vos paroles être aussi claires !

Le cardinal sourit.

Le baron s'approcha.

— Madame la Dauphine n'aura rien à apprendre de M. de Bièvre, dit-il.

— Oh! mon cher hôte, dit la Dauphine avec gaieté, ne me flattez pas ou flattez-moi mieux. J'ai dit quelque chose d'assez médiore, ce me semble. Revenons à monsieur.

Et Marie-Antoinette se retourna du côté de Balsamo, vers lequel une puissance irrésistible semblait l'attirer malgré elle, comme on est parfois attiré vers un endroit où nous attend quelque malheur.

— Si vous avez lu l'avenir pour monsieur dans un verre d'eau, ne pourriez-vous le lire pour moi dans une carafe?

— Parfaitement, madame, dit Balsamo.

— Pourquoi refusiez-vous donc alors tout à l'heure?

— Parce que l'avenir est incertain, madame, et que si j'y voyais quelque nuage....

Balsamo s'arrêta.

— Eh bien? demanda la Dauphine.

— Eh bien! j'aurais, comme j'ai déjà eu l'honneur de vous le dire, le regret d'attrister Votre Altesse Royale.

— Vous me connaissiez déjà, ou me voyez pour la première fois?

— J'ai eu l'honneur de voir Votre Altesse tout enfant dans son pays natal, près de son auguste mère.

— Vous avez vu ma mère?

— J'ai eu cet honneur; c'est une auguste et puissante reine.

— Impératrice, monsieur.

— J'ai voulu dire reine par le cœur et par l'esprit, et cependant...

— Des réticences, monsieur, et à l'endroit de ma mère! dit la Dauphine avec dédain.

— Les plus grands cœurs ont leurs faiblesses, madame, surtout quand ils croient qu'il s'agit du bonheur de leurs enfants.

— L'histoire, je l'espère, dit Marie-Antoinette, ne constatera pas une seule faiblesse dans Marie-Thérèse.

— Parce que l'histoire ne saura pas ce qui n'est su que de l'impératrice Marie-Thérèse, de Votre Altesse Royale et de moi.

— Nous avons un secret à nous trois,

monsieur? dit en souriant dédaigneusement la Dauphine.

— A nous trois, madame, répondit tranquillement Balsamo, — oui, à nous trois.

— Voyons ce secret, monsieur?

— Si je le dis ce n'en sera plus un.

— N'importe, dites toujours.

— Votre Altesse le désire?

— Je le veux.

Balsamo s'inclina.

— Il y a au palais de Schœnbrunn, dit-il, un cabinet qu'on appelle le cabinet de Saxe, à cause des magnifiques vases de porcelaine qu'il renferme.

— Oui, dit la Dauphine, après?

Ce cabinet fait partie de l'appartement particulier de S. M. l'impératrice Marie-Thérèse.

— Oui.

— C'est dans ce cabinet qu'elle fait d'habitude sa correspondance intime.

— Oui.

— Sur un magnifique bureau de Boule, qui fut donné à l'empereur François Ier par le roi Louis XV.

— Jusqu'ici ce que vous dites est vrai, monsieur, mais tout le monde peut savoir ce que vous dites.

— Que Votre Altesse daigne prendre patience. Un jour, c'était un matin vers sept heures, l'impératrice n'était pas encore levée, Votre Altesse entra dans ce cabinet par une porte qui lui était particulière, car, parmi les augustes filles de S. M. l'impératrice, Votre Altesse était la bien-aimée.

— Après, monsieur ?

— Votre Altesse s'approcha du bureau. Votre Altesse doit s'en souvenir, il y a juste cinq ans de cela.

— Continuez.

— Votre Altesse s'approcha du bureau; sur le bureau était une lettre tout ouverte que l'impératrice avait écrite la veille.

— Eh bien?

— Eh bien! Votre Altesse lut cette lettre.

La Dauphine rougit légèrement.

— Et après l'avoir lue, sans doute Votre Altesse fut mécontente de quelques expressions, car elle prit la plume, et de sa propre main...

La Dauphine semblait attendre avec anxiété. Balsamo continua :

— Elle raya trois mots.

— Et ces trois mots quels étaient-ils? s'écria vivement la Dauphine.

— C'étaient les premiers de la lettre.

— Je ne vous demande pas la place où ils se trouvaient, mais quelle était leur signification?

— Un trop grand témoignage d'affection, sans doute, pour la personne à qui la lettre était adressée ; de là cette faiblesse dont je disais qu'en une circonstance, au moins, votre auguste mère avait pu être accusée.

— Ainsi vous vous souvenez de ces trois mots?

— Je m'en souviens.

— Vous pourriez me les redire?

— Parfaitement.

— Redites-les.

— Tout haut?

— Oui.

— *Ma chère amie.*

Marie-Antoinette se mordit les lèvres en pâlissant.

— Maintenant, dit Balsamo, Votre Altesse Royale veut-elle que je lui dise à qui cette lettre était adressée?

— Non, mais je veux que vous me l'écriviez.

Balsamo, tira de sa poche une espèce d'agenda à fermoir d'or, écrivit sur une de ses feuilles quelques mots avec un crayon de même métal, déchira la feuille de papier et la présenta en s'inclinant à la princesse.

Marie-Antoinette prit la feuille de papier, la déplia et lut.

La lettre était adressée à la maîtresse du roi Louis XV, *à madame la marquise de Pompadour*.

La Dauphine releva son regard étonné

sur cet homme aux paroles si nettes, à la voix si pure et si peu émue, qui, tout en saluant très-bas, paraissait la dominer.

— Tout cela est vrai, monsieur, dit-elle, et quoique j'ignore par quel moyen vous avez surpris ces détails, comme je ne sais pas mentir, je le répète tout haut : cela est vrai.

— Alors, dit Balsamo, que Votre Altesse me permette de me retirer, et se contente de cette preuve innocente de ma science.

— Non pas, monsieur, reprit la Dauphine piquée, plus vous êtes savant, plus je tiens à ma prédiction. Vous ne m'avez parlé que du passé, et ce que je réclame de vous c'est l'avenir.

La princesse prononça ces quelques mots avec une agitation fébrile, qu'elle essayait vainement de cacher à ses auditeurs.

— Je suis prêt dit Balsamo, et cependant je supplie encore une fois Votre Altesse Royale de ne point me presser.

— Je n'ai jamais répété deux fois : je le veux, et vous vous rappelez, monsieur, que je l'ai déjà dit une fois.

— Laissez-moi tout au moins consulter

l'oracle, madame, dit Balsamo d'un ton suppliant. Je saurai ensuite si je puis révéler la prédiction à Votre Altesse Royale.

— Bonne ou mauvaise, je la veux, entendez-vous bien, monsieur, reprit Marie-Antoinette avec une irritation croissante. Bonne, je n'y croirai pas, la prenant pour une flatterie ; mauvaise, je la considérerai comme un avertissement, et, quelle qu'elle soit, je vous promets de vous en savoir gré. Commencez donc.

La princesse prononça ces derniers mots d'un ton qui n'admettait ni observation ni retard.

Balsamo prit la carafe ronde, au col court et étroit, dont nous avons déjà parlé, et la posa sur une coupe d'or.

Ainsi éclairée, l'eau rayonna de reflets fauves qui, mêlés à la nacre des parois et au diamant du centre, parurent offrir quelque signification aux regards attentifs du devin.

Chacun fit silence.

Balsamo éleva dans ses mains la carafe de cristal, et après l'avoir considérée un instant avec attention, il la reposa sur la table en secouant la tête.

— Eh bien? demanda la Dauphine.

— Je ne puis parler, dit Balsamo.

Le visage de la princesse prit une expression qui signifiait visiblement :

— Sois tranquille; je sais comment on fait parler ceux qui veulent se taire.

— Parce que vous n'avez rien à me dire? reprit-elle tout haut.

— Il y a des choses qu'on ne doit jamais dire aux princes, madame, répliqua Balsamo d'un ton indiquant qu'il était décidé à résister, même aux ordres de la Dauphine.

— Surtout, reprit celle-ci, quand ces

choses-là, je le répète, se traduisent par le mot — rien.

— Ce n'est point là ce qui m'arrête, madame ; au contraire.

La Dauphine sourit dédaigneusement.

Balsamo paraissait embarrassé; le cardinal commença de lui rire au nez, et le baron s'approcha en grommelant.

— Allons, allons, dit-il, voilà mon sorcier usé: il n'a pas duré longtemps. Maintenant, il ne nous reste plus qu'à voir toutes ces tasses d'or se changer en feuilles de vignes, comme dans le conte oriental.

— J'eusse aimé mieux, reprit Marie-

Antoinette, de simples feuilles de vigne que tout cet étalage fait par monsieur pour en arriver à m'être présenté.

— Madame, répondit Balsamo fort pâle, daignez vous rappeler que je n'ai pas sollicité cet honneur.

— Eh! monsieur, il n'était pas difficile de deviner que je demanderais à vous voir.

— Pardonnez-lui, madame, dit Andrée à voix basse, il a cru bien faire.

— Et moi je vous dis qu'il a eu tort, répliqua la princesse, de façon à n'être entendue que de Balsamo et d'Andrée. On ne se hausse pas en humiliant un vieillard;

et quand elle peut boire dans le verre d'étain d'un gentilhomme, on ne force pas une Dauphine de France à boire dans le verre d'or d'un charlatan.

Balsamo se redressa, frissonnant comme si quelque vipère l'eût mordu.

— Madame, dit-il d'une voix frémissante, je suis prêt à vous faire connaître votre destinée, puisque votre aveuglement vous pousse à la savoir.

Balsamo prononça ces quelques paroles d'un ton si ferme et si menaçant à la fois, que les assistants sentirent un froid glacial courir dans leurs veines.

La jeune archiduchesse pâlit visiblement.

— *Gieb ihm kein Gehœr, meine Tochter* (1), dit en allemand la vieille dame à Marie-Antoinette.

— *Lass sie hœren, sie hat wissen gewollen, und so soll sie wissen* (2), répondit Balsamo dans la même langue.

Ces mots, prononcés dans un idiome étranger, et que quelques personnes seulement comprirent, donnèrent encore plus de mystère à la situation.

(1) Ne l'écoutez pas, ma fille.
(2) Laissez-la écouter, elle a voulu savoir, elle saura.

— Allons, dit la Dauphine en résistant aux efforts de sa vieille tutrice, allons, qu'il parle. Si je lui disais de se taire maintenant, il croirait que j'ai peur.

Balsamo entendit ces paroles, et un sombre mais furtif sourire se dessina sur ses lèvres.

— C'est bien ce que j'avais dit, murmura-t-il, un courage fanfaron.

— Parlez, dit la Dauphine, parlez, monsieur.

— Votre Altesse Royale exige donc toujours que je parle?

Je ne reviens jamais sur une décision.

— Alors, à vous seule, madame, dit Balsamo.

— Soit, dit la Dauphine. Je le forcerai dans ses derniers retranchements. Eloignez-vous.

Et, sur un signe qui faisait comprendre que l'ordre était général, chacun se retira.

— C'est un moyen comme un autre, dit la Dauphine en se retournant vers Balsamo, d'obtenir une audience particulière, n'est-ce pas, monsieur?

— Ne cherchez point à m'irriter, madame, reprit l'étranger; je ne suis rien qu'un instrument dont Dieu se sert pour vous éclairer. Insultez la fortune, elle vous le rendra, elle, car elle sait bien se venger. Moi, je traduis seulement ses caprices. Ne faites donc pas plus peser sur moi la colère qui vous vient de mon retard, que vous ne me ferez payer les malheurs dont je ne suis que le héraut sinistre.

— Alors, il paraît que ce sont des malheurs? dit la Dauphine, adoucie par l'expression respectueuse de Balsamo, et désarmée par son apparente résignation.

— Oui, madame, et de très-grands malheurs.

— Dites-les tous.

— J'essayerai.

— Eh bien?

— Interrogez-moi.

— D'abord, ma famille vivra-t-elle heureuse?

— Laquelle? celle que vous quittez ou celle qui vous attend?

— Oh! ma vraie famille, ma mère Marie-Thérèse, mon frère Joseph, ma sœur Caroline.

— Vos malheurs ne les atteindront pas.

— Ces malheurs me seront donc personnels?

— A vous et à votre nouvelle famille.

— Pouvez-vous m'éclairer sur ces malheurs?

— Je le puis.

— La famille royale se compose de trois princes?

— Oui.

— Le duc de Berry, le comte de Provence, le comte d'Artois.

— A merveille.

— Quel sera le sort de ces trois princes?

— Ils règneront tous trois.

— Je n'aurai donc pas d'enfants?

— Vous en aurez.

— Alors ce ne seront pas des fils?

— Il y aura des fils parmi les enfants que vous aurez.

— J'aurai donc la douleur de les voir mourir?

— Vous regretterez que l'un soit mort, vous regretterez que l'autre soit vivant.

— Mon époux m'aimera-t-il?

— Il vous aimera.

— Beaucoup?

— Trop!

— Mais quels malheurs peuvent m'atteindre, je vous le demande, avec l'amour de mon mari et l'appui de ma famille?

— L'un et l'autre vous manqueront.

— Il me restera l'amour et l'appui du peuple?

— L'amour et l'appui du peuple!... C'est l'Océan pendant le calme... Avez-vous vu l'Océan pendant une tempête, madame?...

— En faisant le bien, j'empêcherai la tempête de se lever, ou, si elle se lève, je m'élèverai avec elle.

— Plus la vague est haute, plus l'abîme qu'elle creuse est grand.

— Dieu me restera.

— Dieu ne défend pas les têtes qu'il a condamnées lui-même.

— Que dites-vous là, monsieur, ne serai-je point reine?

— Au contraire, madame, et plût au ciel que vous ne le fussiez pas !

La jeune femme sourit dédaigneusement.

— Ecoutez, madame, reprit Balsamo, et souvenez-vous.

— J'écoute, reprit la Dauphine.

— Avez-vous remarqué, continua le

prophète, la tapisserie de la première chambre où vous avez couché en entrant en France?

— Oui, monsieur, répondit la Dauphine en frissonnant.

— Que représentait cette tapisserie?

— Un massacre, — celui des Innocents.

— Avouez que les sinistres figures des massacreurs sont restées dans le souvenir de Votre Altesse Royale!

— Je l'avoue, monsieur.

— Eh bien! pendant l'orage, n'avez-vous rien remarqué?

— Le tonnerre a brisé, à ma gauche, un arbre qui, en tombant, a failli écraser ma voiture.

— Ce sont des présages, cela, dit d'une voix sombre Balsamo.

— Et des présages funestes?

— Il serait difficile, ce me semble, de les interpréter autrement.

La Dauphine laissa tomber sa tête sur sa poitrine; puis la relevant après un moment de recueillement et de silence :

— Comment mourra mon mari?

— Sans tête.

— Comment mourra le comte de Provence?

— Sans jambes.

— Comment mourra le comte d'Artois?

— Sans cour.

— Et moi?

Balsamo secoua la tête.

— Parlez... dit la Dauphine, parlez donc...

— Je n'ai plus rien à dire.

— Mais je veux que vous parliez ! s'écria Marie-Antoinette toute frémissante.

— Par pitié, madame...

— Oh! parlez!... dit la Dauphine.

— Jamais, madame, jamais!

— Parlez, monsieur, reprit Marie-Antoinette avec le ton de la menace, parlez ou je dirai que tout ceci n'est qu'une comédie ridicule. Et, prenez-y garde, on ne se joue pas ainsi d'une fille de Marie-Thérèse, d'une femme... qui tient dans ses mains la vie de trente millions d'hommes.

Balsamo resta muet.

— Allons, vous n'en savez pas davantage, dit la princesse en haussant les épaules avec mépris; ou plutôt votre imagination est à bout.

— Je sais tout, vous dis-je, madame, reprit Balsamo, et puisque vous le voulez absolument...

— Oui, je le veux.

Balsamo prit la carafe, toujours dans sa coupe d'or ; puis il la déposa dans un sombre enfoncement de tonnelle où quelques rochers factices figuraient une grotte. Puis saisissant l'archiduchesse par la main, il l'entraîna sous l'ombre noire de la voûte.

— Êtes-vous prête? dit-il à la princesse que cette action véhémente avait presque effrayée.

— Oui.

— Alors, à genoux, madame, à genoux, et vous serez en posture de prier Dieu qu'il vous épargne le terrible dénouement que vous allez voir.

La Dauphine obéit machinalement et se laissa aller sur ses deux genoux.

Balsamo toucha de sa baguette le globe de cristal au milieu duquel se dessina sans doute quelque sombre et terrible figure.

La Dauphine essaya de se relever, chancela un instant, retomba, poussa un cri terrible et s'évanouit.

Le baron accourut, la princesse était sans connaissance.

Au bout de quelques minutes, elle revint à elle.

Elle passa ses mains sur son front, comme fait une personne qui cherche à rappeler ses souvenirs.

Puis tout à coup :

— La carafe ! s'écria-t-elle avec un accent d'inexprimable terreur.

— La carafe !

Le baron la lui présenta. L'eau était limpide et sans une seule tache.

Balsamo avait disparu !

FIN DU TOME DEUXIÈME.

TABLE DES MATIÈRES.

I. Eûreka............................... 1
II. Attraction........................... 37
III. La Voyante 58
IV. Nicole Legay....................... 99
V. Chambrière et Maîtresse 149
VI. Au Jour............................ 195
VII. Philippe de Taverney.................. 227
VIII. Marie-Antoinette-Josèphe, archiduchesse d'Autriche........................ 265
IX. La Magie.......................... 299

www.ingramcontent.com/pod-product-compliance
Lightning Source LLC
Chambersburg PA
CBHW060334170426
43202CB00014B/2770